—— 经济学名著译丛 ——

银行简史

〔美〕理查德·希尔德雷思 著
蒋豪 董月程 译

The History of Banks

商务印书馆
The Commercial Press

Richard Hildreth

THE HISTORY OF BANKS

First Edition, 1837, Boston: Hilliard, Gray & Company

Reprinted 1968, 1971 by Augustus M. Kelley Publishers, New York

本书根据纽约奥古斯塔斯·M. 凯利出版社 1971 年版译出

译 者 序

理查德·希尔德雷思(Richard Hildreth，1807—1865)，美国记者、作家、历史学家、经济学家、废奴主义者。

一、生平和著作

希尔德雷思的父亲霍齐亚·希尔德雷思(Hosea Hildreth，1782—1835年)是一名数学教授，后来成为公理会牧师。母亲萨拉·麦克劳德(Sarah McLeod) 1806年嫁给霍齐亚。1807年6月28日，希尔德雷思出生于马萨诸塞州的迪尔菲尔德。1811年，霍齐亚被任命为菲利普艾斯特高中(Phillips Exeter Academy)的数学和自然哲学教授。希尔德雷思于1816年开始在该校就读，此后在那里学习了7年。1826年，他从哈佛学院毕业。在纽柏立波特市学习法律后，于1830年在波士顿获得律师资格。

1832年，希尔德雷思成为日报《波士顿守卫报》(*Boston Atlas*)的联合创始人和编辑。1834年，他到南方考察后，写了一部广受欢迎的反奴隶制小说《奴隶：阿奇·摩尔回忆录》，1836出版增订本，1852年改名《白奴》再版。小说通过父亲为白人奴隶主、母亲为黑人奴隶的阿奇·摩尔的传奇人生故事，描写黑人在南方种植园主残酷压迫下的苦难生活和他们的反抗,猛烈抨击了奴隶制度。这部小说早于斯托夫人1852年出版的《汤姆叔叔的小屋》,是美国文学史上第一部反奴隶制小说,影响巨大。经著名翻译家李俍民译为中文,在国内颇为畅销,有多个版本。《美国简史》(商务印书馆1972年版)以及其他世界史、文学史教材对《白奴》做了较高评价。

1837年,他为《波士顿守卫报》撰写了一系列文章,强烈反对美国兼并得克萨斯。同年,出版《银行简史》,帮助促进美国自由银行体系发展。1840年,出版另一本金融著作《银行、银行业和纸币》,对《银行简史》的主要内容进行了扩充,并增加"为一美元钞票辩护"作为第三部分。同年由于健康原因,他搬到英属圭亚那,在首府乔治敦先后担任两份周报的编辑,共在那里居住三年。1840年他还出版了一部反对奴隶制的著作《美国的专制》。

希尔德雷思最著名的著作是六卷本的《美利坚合众国史》。1849年,他出版了前三卷,之后两卷于1851年出版,第六卷也是最后一卷于1852年出版。前三卷讲述的是1492—1789年的历史,后三卷讲述的是1789—1821年的共和国早期政治史。这部著作基于对原始资料的仔细分析,以其准确性和坦率而著称。希尔德雷思强烈偏向联邦党人。在谈到杰斐逊派时,希尔德雷思称他们为"共和党人"或"民主党人",但从不称他们为"民主共和党人"。该书同样强烈支持废除奴隶制。不过也有论者认为,该书行文枯涩,十分乏味。

1855年他写的《日本的过去和现在》出版,对其他有关日本的著作所含信息进行了宝贵摘要。他还写过一本威廉·亨利·哈里森的竞选传记(1839年),著有《道德理论》(1844年)和《政治理论》

(1853年)，并根据坎贝尔勋爵的著作《英国首席法官生平》，编著了《残暴的法官：声名狼藉、充当暴政工具的法官群传》(1856年)。

1857—1860年间，希尔德雷思为《纽约论坛报》工作，在同一时期，他用不同的笔名为羽翼未丰的共和党写了几篇反对奴隶制的小册子。健康状况不佳迫使他在1860年退出写作生涯。为酬谢其贡献，经马萨诸塞州州长纳撒尼尔·潘提斯·班克斯和参议员查尔斯·萨姆纳成功游说，1861年他被任命为美国驻刚统一的意大利王国的里雅斯特的领事。1865年，他辞去这一职位，搬到佛罗伦萨，7月11日在那里去世，葬于佛罗伦萨英国公墓。

希尔德雷思一生著作等身，涉猎领域广泛，可谓后世罕见的通才。在中国大陆，他以"希尔德烈斯"闻名于文学界和史学界。网上较容易得到关于他的小说《白奴》的评论，不再赘述。现略述一下希氏在史学界的地位。

在整个19世纪，美国主要有三个历史学派：

1. 浪漫主义学派，或称美国"早期学派"。该学派统治19世纪上半叶美国史坛，约半个世纪之久，宣扬民主自由精神，崇扬爱国主义思想。最著名的代表人物为乔治·班克罗夫特(George Bancroft, 1800—1891年)，被誉为"美国史学之父"，著有十卷本《美国史》，文笔优美，观点鲜明，颇具感染力。

2. 废奴派。19世纪中叶，奴隶制已成为美国政治生活中最突出的问题，出现了声势浩大的"废奴运动"。该学派即是这一运动在史学上的反映，代表人物就是希尔德雷思。他不但创作了废奴小说《白奴》，又写了名著《美利坚合众国史》六卷，书中强烈谴责南方的奴隶制，认为奴隶制与《独立宣言》所揭示的"人人生而平等"

的原则不相容。此外,他在该著中注重对人民群众的描述,肯定他们的历史作用。

3. 盎格鲁-撒克逊学派。该学派盛行于19世纪下半叶至20世纪初,宣扬美国文明"欧来说",认为盎格鲁-撒克逊人"优越",是他们先把日耳曼人的政治遗产带到英国,后又由清教徒传到了北美,最后体现在美国宪法中,实现地方自治与联邦制的结合。该学派的中心在约翰斯·霍普金斯大学,主要鼓吹者是赫伯特·亚当斯(Herbert Adams, 1850—1901年),代表作《美洲的萨克森什一税》《新英格兰诸城镇的日耳曼起源》等。[①]

由此可见,希氏是美国史学界的重要一环,并通过自己的历史和小说作品积极参与美国历史创造,对推动美国黑奴获得自由做出了重要贡献。

希氏的多数著作作为经典作品,在美国都一版再版,今日仍颇有市场。

二、货币和银行思想评述

1911年版《大英百科全书》曾为希尔德雷思设词条,内中称他的货币银行著作"有助于促进美国自由银行制度的发展"。

本书较为充分地展现了希尔德雷思的货币、银行思想。总体来说,希氏是健全货币思想的先驱,支持诚实货币和自由银行制度,

[①] 见张广智主著:《西方史学史》(第二版),复旦大学出版社2004年版,第216—218页。

译者序

反对银行拥有特权和中央银行。

本书分为"银行简史""银行业自由竞争的好处和必要性之证明""致马库斯·莫顿阁下关于银行和通货的信"三个部分。第一部分基本是叙述史实,略带评论。理论观点的阐释主要在第二和第三部分。现按照具体主题略作评述。

(一)健全货币思想

希尔德雷思首先论述了货币数量应该以多少为宜:"任何国家的通货,无论是铸币还是银行券,其增加只要超出该国的商业需要,就会导致构成该通货的货币发生贬值。假定商业保持不变,一个国家的通货总价值将始终是一个固定的确定数额。如果构成该通货的铸币或纸币增加了,并且没有出口,那么构成通货的铸币和纸币的价值都将按比例减少,于是它们的总和会与之前完全相同。"(第一部分第六章)他颇为赞赏美国宪法关于货币的规定:"令人颇感欣慰的是,人民最终认识到这种权宜之计的有害后果,因此在美国宪法明确规定,永远不能发行信用券,除金银以外,总体政府和各州均不得使任何东西成为偿还债务的法定货币。"(第一部分第十一章)

干预主义者并不反对货币数量要满足商业需要这个前提,不过他们认为一国的商业需要会随着经济发展而增长,因而货币量也要增长,这样单位货币的价值可以保持不变。对于如何满足变化的商业对货币的需要,希氏与干预主义者的处理方法并不相同。

希氏并不认为政府能够提供价值稳定的货币单位,认为那是不可能完成的任务。政府的任何立法过程、任何管制企图使价值标准永久稳定,是荒谬的观念。商品价值在其本质上是易变的,政府与其企图使其稳定，还不如尝试去管束海洋。他直言不讳地批评当时的莫顿州长：

> 我将大胆地主张并非常简短地尝试证明：一个政府一旦将黄金和白银定为唯一的法定价值标准、偿还债务的唯一法定货币，它对通货的主要权力就已用尽。政府调节通货数量或通货质量的任何尝试，都必然是徒劳的，或有害的。
>
> 如按阁下所称，其他事物的名义价值取决于通货的数量，同样正确的是，通货的实际价值和名义价值也取决于其他事物的数量。因为其他事物的数量一定是不断变化的，通货的价值必然同时发生变化，天下不存在能使之稳定的权力——而这却是阁下想要达到的目标。（致莫顿州长的信）

我们知道，具有和莫顿同样想法的人不论在当时还是之后都不乏其人，包括大名鼎鼎的费雪，甚至今日之美联储、欧洲央行也都是如此行事。这种使单位货币价值保持不变的思想长期以来大行其道。希氏对这种想法的批驳简洁有力，可谓一针见血、当头棒喝，今日仍然振聋发聩。

当然，希尔德雷思承认，使用贵金属货币仍然面临一些非常严重的困难。在本书第二部分第二章中，他说：

> 1. 尽管贵金属体积与其价值相比很小，但在大量买卖的情况下，金属货币的体积、清数的困难以及从一地到另一地运输的花费都变成巨大的不便。

2. 汇票这种国际媒介不仅在便利性上而且在经济上都比铸币具有巨大的优势。黄金是一种昂贵的媒介，如果黄金在途中因事故而灭失，对个人和整个世界都是实际的损失。然而，在大多数情况下，汇票的灭失对任何主体而言都是没有损失的。除了一小块纸，世界没有损失任何东西，至于个体所有人，尽管第一批汇票灭失了，第二批却可以安全到手并履行它的职责。

此外，即使黄金的运输没有危险，在运输期间，黄金也一直是闲置的。对于其所有者和整个世界来说，它的使用价值，或换句话说，它所产生的利息丧失了。通过汇票的使用，这种损失被避免了。当票据在途中或闲置在其持有人的口袋中时，票据所关联的黄金一直在履行职责并产生利息。

但是，节约的不仅仅是利息。黄金会因使用而消耗，每次触摸都会难以察觉地带走某些部分。因此，暴露于天气、每次转运中的反复处理和重新清点，都会使它逐渐减重。通过汇票的帮助，这些损耗的诱因得以避免。

3. 我在前文已经表明，由于刚才所说的损耗，金属通货易于发生一定程度的贬值。此外还有通过剪切进行的欺骗性减少。汇票完全没有这种贬值源头，其中提到的铸币应该是完美的铸币，造币厂新鲜出炉，具有标准的重量和纯度。在贬值的通货身上经常发生的小诡计和小欺诈以及争执纠纷都没有了余地。

4. 也很容易证明，使用汇票作为国际贸易媒介，绝对提高了作为价值尺度的贵金属的质量，因此为商业交易提供了额外的稳定性和确定性。

  通过使用汇票作为国际媒介，可以避免所有这些困难。汇票的数量恰好随着贸易的需要而增加或减少，这种增加或减少对价格不产生或基本不产生影响。通过汇票的使用，不仅可以在很大程度上防止贵金属相对价值的普遍波动，而且是避免性质同样严重的局部地方波动的方法。

可见，希尔德雷思认为，汇票可以近乎完美地代表贵金属。不过，希尔德雷思也知道，汇票也有自身缺陷。

  因此，很明显，如果说汇票与金属媒介相比具有其他一些优势，那么在安全性方面，它并没有优势。有黄金在手，我绝对确定我的商品拥有无可怀疑的真实价值。但是，当接受汇票作为付款方式时，我仍然有某种程度的不确定，因为汇票也许永远不会被支付。

他认为，银行券就是一种对持有人见票即付的汇票，具有与汇票一样的优点。需要注意，希氏此处所说的银行券是指作为诚实货币的银行券，即随时可以到银行兑现为贵金属，银行须见票即付。

  1.尽管对比没有在外国汇票的情况下那么明显，但银行券相对铸币的便利性仍然很真实。这一事实的决定性证据可能来自于人们总是接受通用货币，无论这些通货从哪个地方引入。出于同样的原因，银币比铜币更受青睐，金币比银币更受青睐，银行券比金币更受青睐。人们在过去一直是这样，未来也将如此。

2. 从经济角度来看，银行券像汇票一样相比铸币具有同样的优势，并且出于完全相同的原因。我已经在前述章节中解释了，银行券的流通如何使流通它们的国家的有效资本净增加了几乎等于它们所置换的黄金和白银的总价值。由于不但节省了利息，还减少了磨损，并消除了所有与金属货币有关的损耗源头，很明显，社会每年从银行券流通中获得的收益将超过而不是少于全部流通媒介的年利息。

3. 银行券与汇票一样，避免了因流通铸币的磨损和剪切而产生的贬值。银行券中描述的铸币应被理解为足重的完美铸币。即便不是这样，只要一个国家的铸币被静静地存放在银行中，铸币的位置由银行券替代，且作用超出替代，那么它遭受磨损和欺诈贬值的风险就会大大减少。

4. 同样显而易见的是，银行券与汇票一样，极大地提高了贵金属作为价值尺度的质量；这是对它们有利的情况，似乎被忽视了，但这是最重要的。

(二)不诚实货币会制造经济泡沫，导致金融危机

关于什么物质才能成为货币的问题，希尔德雷思认为，这是市场选择的结果。在本书"致莫顿州长的信"这一部分中，他说：

> 通货的质量或材料，即被用作通货的某种事物，和该通货的数量一样，几乎不是立法的合适对象或实际上在政府权力范

围内。政府有权利也有权力(其实也是政府的义务)依法确定价值标准,即确定应根据什么标准签订合同并清偿债务。然而,毕竟这种权力是非常有限的,对此与其说是积极的,不如说是消极的。黄金和白银已被普遍确定为价值标准,且独立于任何政府的行为;如果任何政府现在试图建立并执行任何其他的标准,它将发现这项工作存在不少困难。

关于通货的质量,即用作交换媒介的物质的种类,政府的立法权即使可能染指,也无力处理。除非在非常特殊的情况下,否则政府没有实际的权力决定哪些物品可以用于交换,或者什么物质应该被允许用于偿还债务。如果债权人感到满意,通常没有政府干预的余地。政府对通货可以合法行使的唯一权力,不是它作为政府而是作为大型的货币交易商拥有的权力,其权力在于它本身作为榜样。像任何其他大型的货币交易商一样,政府的榜样非常有力。它同意将什么作为货币,其他人就会将什么作为货币;政府通过这种方式且仅通过这种方式,对货币问题施加任何正当或有效的影响。

然而,正如授予某些人生产棉衬衫的垄断权没有导致人们穿棉衬衫的倾向,授予某些公司发行纸币的专有权,并没有更加导致人们强化了流通和使用这些银行券的倾向。人们穿棉衬衫是因为他们感到舒适、方便和愉快,人们也正是出于相同的原因使用银行券。

现在,我们来看看银行券作为通货是如何起源的。它们是逐渐被引入的,就像棉衬衫的逐渐使用一样;它们在各个方面被发现非常方便和舒适;就像棉衬衫逐渐取代亚麻衬衫一样,

译者序

银行券也逐渐取代了铸币。

可以说，这两样东西的使用看起来都不是适于政府干预的问题。人们有足够的能力判断穿着棉衬衫是否总体上比穿着亚麻衬衫更加舒适和方便，而无需立法机关的任何帮助或指导；同样，他们有充分的资格判断，使用银行券是否总体上比使用铸币更好。

希尔德雷思认为，普通人往往不愿正视自己决策失误，易于将投资、经营失败归罪于通货状况，因而要求政府加强货币管控。

人们对用简单明了的方式看待事物会有多么强烈的抵触。他们只需要使用一些常识，而这些常识通常会很好地为他们服务。但对于大多数人来说，常识是永远不起作用的。对每件事情的解释必须有某种传奇、某种奥秘、某种奇妙的迂回理论。当涉及自身识别能力时，尤其如此。如果将某种结果的出现归因于其自身的无知和愚蠢，这将对人类的自尊本性造成极大的羞辱，以至于人们不容易接受这种结论。其他人或其他事必须为此承担责任；在过去五年，大量的后果本应归咎于有小聪明而无大智慧的许多人，归咎于他们错误的估计、头脑发热急于致富、可悲的无知和愚蠢，而不是其他什么事，但这无数的责任被推卸给了通货状况，而通货状况对于所有这些苦难的根源完全是无辜的，不过毫无疑问，某些情况下通货状况事后加剧了苦难。

政府管控货币的结果，就是通货膨胀会成为常态。希尔德雷思认为，滥发不兑现的纸币会造成经济泡沫："对政治经济学略微熟悉的人都知道，价格上涨是对贸易最大的刺激。可以说，只要货币贬值是渐进的，不被察觉，那么它的影响之一便是使物价上涨，尽管只是表面的上涨，但短期内会出现实际上涨的所有影响。在这种幻觉之下，英国人民努力劳作了十年。价格一直在上涨；商业不断发展；人们幻想着迅速致富；那些总是从第一印象做出判断的实务人士，颂扬新的银行体系，将其作为国家繁荣的源泉和基础。"（第一部分第八章）

然而，这种部分准备金甚至没有准备金的货币银行体系基础不牢，极其脆弱，一遇到挤兑就会崩塌。

> 贸易充其量很不确定；但是根据现行银行体系，贸易依赖于银行融通，不再是一门艺术。精明、计算、知识、审慎、良好的判断力变得很少有用甚至没有用。因为最明智的计划和最审慎的安排，可能会因银行贷款的意外收缩而失败，这是没人能预见的、无法防范的。这些以往的可敬品质失去了它们应受的尊敬。贸易被视为碰运气的事，商人染上一种纯粹的赌博习气。确保商业成功的不是勤奋，不是睿智，不是节俭，而是机会和好运。
>
> 根据考虑中的理论，很明显的是，一家银行越兴旺，它就会变成越脆弱和危险的一架机器。在管理上，需要时刻保持警惕和谨慎，不仅要防范挤兑，还要防范挤兑的可能性。在信心被动摇的时候，银行的客户指望银行成为提供支持和援助（恰

译 者 序

恰与银行的兴旺成正比)的朋友的时候,银行却成为他们最危险的敌人;因为恰恰与其兴旺成正比,收缩贷款的必要性就变得更加迫切。银行的安全性要求其坚决充耳不闻客户的悲哀不幸。它必须拒绝贷款,越是兴旺,越要拒绝。不管这种处理方式多么无情,它绝对是必要的。

我们还应记得,这种严酷无情的处理方式不仅适用于真实情况,而且适用于只是可能存在的危险情况。不仅实际的贸易波动,还有虚假的会产生股票投机或政治影响的警报、谣言、恐慌、董事会的心情、幻想或反复无常,一个有影响力的成员的情绪低落或想象中的恐惧……种种作用在如此脆弱的机器上的最微不足道的原因,都可能会给单个借款人带来最严重的后果。(第二部分第一章)

希尔德雷思认为,政府虽无权染指货币的数量和种类,但可以监督货币的"代表"——银行券是否真实或诚实。在"致莫顿州长的信"中,他说:

然而,有一种对银行业务的干预,是常识和通常的立法程序赋予了正当性的,而且只有一种。银行券恰好是这些物品之一。因此,立法机关采取某种手段确定在社会中流通并标明一定数额美元面值的银行券的真正的实际价值,这似乎是极其适当的。

这可以很容易实现。如果立法机关不允许发行任何银行券作为通货流通,除非,像检验其他物品那样,为此目的而任命的某位公职人员首先盖章并批准,并确保在将任何此类银行券交付给有意发行和流通它们的人之前,要求他们提供等额的优质股票或债券和抵押品,作为支付上述银行券的担保,那么,立法机关似乎就已为建立流通通货的稳健性和稳定性做了其合法权力范围内的一切,也是能够要求它做的一切。

货币身为最适销的商品,被人们用作交易媒介。希尔德雷思说得很好:在市场中,政府同其他大型货币交易商一样,作为榜样发挥作用,影响交易媒介的选择;在市场外,政府作为人民授权的监管者,对银行券是否真实进行监督。

政府作为监管者,实际上也应消极地发挥作用,即让那些不能兑现自己银行券的银行破产倒闭。

(三)支持自由银行制度

通过仔细分析汇票与银行券的区别,希尔德雷思抨击某些银行享有垄断货币发行的特权,主张实行自由银行制度。

汇票的发行完全开放给全世界自由竞争。任何国家的任何资本家无论在何处都可以自由地进入。结果,由任何一家机构提供的关于交易的融通数量总是有限的,那么,就任何单个经销商而言,拒绝出售汇票或疏于支付汇票而可能引起的伤害,都是那么微小以至于难以被感觉到。

但是我已经在前面章节证明了,当前银行体系的全部弊端产生于一个事实,那就是银行借出的钱比它们所拥有的多得多。它们借出不属于它们的钱,它们是我们当中最大的债务

译者序

人。当然，它们是第一个在货币市场上感到压力的人，它们一定会拯救自己，而不管让谁受苦。

银行负债累累是如何发生的呢？显然，因为它们拥有将自己的银行券作为货币进行流通的专有特权。我们如何限制银行的债务？不是通过想规避就总可以规避的禁止性法规，而是通过将银行券的发行业务开放给自由竞争。

通过继续增加银行的数量，不久，每个银行的发行量都将减少到如此微不足道的程度，以至于诸如挤兑和随之而来的贷款减少之类的事情简直就不为人所知。

显然，银行业务的自由竞争将产生以下两个效果。

第一，这将完全防止现行银行制度的重大苦难，即个别银行贷款额频繁的、突然的和广泛的波动。

第二，这应该是对银行券流通的附加保障，因为每个新银行在流通通货数额的新认可上是地位同等的。（第二部分第二章之"如何解释这种显著差异？"）

每个贸易分支都曾经是垄断的。知识的进步已经驱逐了除银行业之外各种行业中这种令人无法容忍的制度。不久之后，这一最后的大本营也会被迫放弃。

通货的健全状况、银行的审慎管理将不取决于任何个人或团体的谨慎或诚实。不再受制于人为管制，通货将为其自身必要的规律——商业贸易的规律——所控制和引导，这些规律的运作不像偷偷塞入的笨拙不当的人为管制替代品那样忽上忽下，而是受制于恒定的、稳定的、温和的而又不可避免的压力，这比事后纠正要好得多，是从一开始就防止出错。（第二部分

第二章之"让我们诉诸事实")

希氏的理论当然也有瑕疵。比如，他未注意到，银行券——即使是自由银行制度下见票即可兑现的银行券——与汇票实际上存在重大不同。对于授信对象来说，银行券是不记名的、标准化的，理论上可以无限流通，汇票则记名、非标准化，流通有限。因而，用后来凯恩斯的"流动性"概念来说，银行券的流动性远远大于汇票的流动性。两者虽然都具有交易媒介的作用，汇票显然作用更有限。换个角度看，就是银行券的影响更大，可能造成的伤害也更大。

（四）反对中央银行

希尔德雷思设"论国家银行"专章，对国家银行的所谓角色和作用，进行了绝妙讽刺和条分缕析。他所称的国家银行即后世的中央银行。现将该章的主要观点摘录如下。

据说国家银行是必要的：

第一，规范地方银行，使其保持秩序。

第二，便利国内外币兑换。

第三，提供统一的通货。

1. 其中第一个原因，已在上一章讨论过。银行业的自由竞争将以更少的麻烦、更大的确定性完成提议的目标。

建立国家银行是为了监督其他银行，但是，谁来监督这个监督者？如果一个城市只有一个守夜人，那么尽管这个守夜人是最"认真和老成的守夜人"，通常也会发生这样的情况：他在黄昏后不久就跑到守望所，在那里最安静、最安全地睡过了他的守夜人时间，直到他的外套被偷，或者城市被他自己灯笼上的蜡烛点燃。正当大火旺燃，消防车已经在工作时，他终于睁开眼睛，大叫"着火了"，上蹿下跳，好像他是第一个发现着火的人。

解雇看守人，然后从小人的利益出发来安排事情，让他们彼此监督并揭露各自的小人行径，难道这样不会好得多吗？

2.国内外币兑换业务由一家银行或另一家银行进行，可以同样好。和在其他地方一样，自由竞争在这里是必要的，它将很快使利润降低到合理水平。

3.有一种方法可以在整个美国生产统一的通货，从而极大地便利该国的商业往来，与银行业的自由竞争完美吻合，并且比诉诸国家银行不知道要好到哪里去。

平衡波士顿的银行与各地银行之间的账户的整个业务，都被委托给一家银行，这家银行从其他银行那里为其所付出的辛劳获得合理的补偿。

每家银行都在不断地对其他银行进行制约，每家银行都被确保在流通中享有应得的份额，所以该体系对银行和公众同样有利。

现在要在整个美国生产统一通货，只需要将新英格兰体系扩展到整个国家即可。让纽约的银行同意按面值收取美国所有主要商业城市银行的银行券，并根据波士顿的程序，迫使这些银行在纽约提供资金以赎回其银行券。完成此操作，将达到在整个美国生产统一通货的目的。直到采用这种制度并彻底实行时，我们才会有统一的通货。（第二部分第三章）

经过激烈政治斗争,原来具有中央银行地位的第二合众国银行转型为一家普通州立银行,完全丧失那些招人反对的中央银行特权,与任何其他州立银行具有完全同样的地位。希氏借此说明自由银行制度下各银行的平等竞争关系。他说:"对于那些其作为国王时为我们所厌恶之人,当其作为一个普通公民时,我们应该欢迎并保护他。"(第一部分第十八章)

(五)解释决定利率高低的因素

希尔德雷思在第一部分第十七章,解释了本书1837年出版前美国近30年利率上升的原因。

为了平息他们的忧虑,请允许我评论一下,货币市场的压力,即借钱的困难和为此付出高昂的价格,是由两种截然不同甚至几乎完全相反的原因造成的。

原因之一是商业上的不信任,这源于无利可图的商业。这样的生意不可能长期经营下去,否则必然耗尽投入的资本。最后,破产开始了。每个人都知道所有人都在赔钱,当然,每个人都害怕其他人,不愿意信任,也不愿意贷款。这种状况使商业停顿,压低了价格;货币的实际利率实际上比以往任何时候都低,但是,那些想借钱的人,由于存在无力偿还的风险,必须支付非常高的额外费用。寻找到愿意贷出资金者并不容易,所以有必要提供高价来引诱他们。1818—1819年,这种压力席卷了美国;1825年,所有商业城市都经历了类似的压力;1828—1829年,整个新英格兰发生了类似的压力。这是当前大部分实务人士到最近为止所知的唯一一种压力,当然他们的经验是其认知的极限——他们料想这是唯一的压力。

但是，还有另一种完全不同的压力。它是由资本的稀缺以及由此而导致的获取资本就必然要支付高价所催生的。由于商业繁荣产生了对资本的需求，当然导致资本变得稀缺。这种压力由商业繁荣产生；因此，它必定总是伴随着高昂且不断上涨的价格，它也总是可以由这一标准识别出来。在1793—1803年的整个期间，货币市场的这种压力弥漫着整个美国。过去五年中，这类压力又逐渐显现，在此刻整个国家都可以感受到。（第一部分第十七章）

这里，希尔德雷思通过对货币借贷具体供求关系的分析，解释了当时利率高企的原因。他认为，不论是商业萧条时期，还是商业繁荣时期，均会产生高利率现象。他说的两个因素，一个是萧条时期贷款风险大，资本供给者惜贷，放款时要加上抵抗风险的额外费用，另一个是繁荣时期，资本需求增大。总之，两种情况下，结果都是资本供少于求。

希氏的说法当然没错。不过值得我们注意的是，与他大约同时期、在波士顿同一家出版公司出版《论政治经济学的若干新原理》的约翰·雷（John Rae，1796—1872），[1] 提出了时间偏好利息理论的雏形。该理论后经庞巴维克、费特、费雪、米塞斯、柯兹纳、罗斯巴德等人发扬光大，可以帮助人们从个人、主观角度深入理解利息现

---

[1] John Rae, *Statement of Some New Principles on the Subject of Political Economy*, Boston: Hilliard, Gray & Co., 1834.

象。正如供求关系固然可以解释价值和价格高低,而边际效用理论则可以深入到个人、主观层次一样。

此外,希氏还有一些可贵的洞见,如对于预期的作用,他如是说:"关于价格,有一种因素影响着它,政治经济学家对此尚未深思熟虑,但这是一种具有决定性的影响因素,即想象出来的观点。关于未来价值的看法,是决定每件事物价格的重要因素。"

希尔德雷思的货币银行理论可以说是古典自由主义原则在该领域的体现,他本人也堪称后来奥地利学派的一位先驱。约翰·雷是幸运的,尚有穆勒、庞巴维克、费雪、熊彼特等著名经济学家承认、介绍他在利息理论、创新(经济发展)理论、炫耀性消费概念等方面的原创性贡献,而希氏在经济学界则籍籍无名。

这部著作简明清晰、举重若轻,深刻揭示了健全货币和自由银行制度的原理。重拾希氏此书,有助于我们反思当下货币银行领域存在的问题及其危害,从而拨乱反正,让金融恢复其本来的面目和作用,真正保障社会和经济稳定发展。

目　　录

第一部分　银行简史

第一章　威尼斯银行、热那亚银行和巴塞罗那银行 …………… 3
第二章　阿姆斯特丹银行和汉堡银行 …………………………… 5
第三章　英格兰银行 ……………………………………………… 8
第四章　私人银行 ………………………………………………… 10
第五章　苏格兰银行 ……………………………………………… 11
第六章　约翰·劳的银行体系——土地银行 …………………… 12
第七章　密西西比系统 …………………………………………… 15
第八章　英格兰银行续史——硬币兑付的中止及恢复 ………… 19
第九章　英国私人银行续史——股份制银行 …………………… 26
第十章　政府纸币 ………………………………………………… 28
第十一章　美利坚殖民地的纸币通货 …………………………… 30
第十二章　美国的银行 …………………………………………… 34
第十三章　第一合众国银行 ……………………………………… 36
第十四章　州立银行——硬币兑付的中止 ……………………… 40
第十五章　第二合众国银行——硬币兑付的恢复 ……………… 43
第十六章　1818—1819 年恐慌 …………………………………… 45

第十七章	美国银行续史	51
第十八章	对第二合众国银行重新授权的争议；1833—1834年恐慌	56
第十九章	美国工业和贸易现状	63
第二十章	欧洲大陆的银行	65

第二部分　银行业自由竞争的好处和必要性之证明

引言		69
第一章	公认的银行理论	70
第二章	新的银行理论	79
第三章	论国家银行	96

附录 …………………………………………………… 100

致马库斯·莫顿阁下关于银行和通货的信

致莫顿州长的信 …………………………………… 105

译名对照表 ………………………………………… 117

第一部分

银行简史

第一章　威尼斯银行、热那亚银行和巴塞罗那银行

接近七百年前，第一家类似于我们所谓银行的正规机构在威尼斯成立。

这一机构的起源与银行业务无关，它是这样开始的。

这个共和国当时正陷入战争，缺乏资金，只能依靠强行贷款。该笔贷款的供款人所获年息为其被迫贷出款项的4%；某些项目的公共收入被指定用来支付这些利息。一家名为"借贷专所"（the CHAMBER OF LOANS）的公司建立起来，专门照管这项业务，管理指定给贷出方的那部分公共收入，并确保到期按时支付利息。

到此时为止，还没有我们今日意义上的"银行"。但是"借贷专所"在从事其业务过程中有时会买卖汇票；当公司的这种工具被普遍接受，其名誉广受尊重时，很快它发现带有其名字的票据会给它带来额外的价值。"借贷专所"手头通常有一些资金，它发现将这些资金用于汇票买卖是有利的投资。随着时间的流逝，"借贷专所"成为这一业务领域的正规经销商。这样，它具有了贴现业务，即基于商业票据而贷款，这是现代银行业务的一个重要分支。

逐渐地，威尼斯商人们习惯于将他们的钱存入"专所"，以确保安全。这样它就引入了存款业务，这是现代银行业务的第二个

分支。

　　人们很快发现,存入"专所"的货币的账面金额,完全相当于手中的现金。通过将这些账面金额从付款人账户转移到收款人账户来履行付款的习惯,就这样被引入了。通过这种方式,完全避免了清数大笔硬币并在城市之间运输的麻烦。这种做生意的方法优势如此之大,以致起初商人自愿采取的这种方式,后来被法律强制施行。每个商人都有义务在该银行开一个账户,所有汇票和批发交易的支付被要求以刚才描述的方式在那里进行。这种履行付款的方式显然是通向发明银行券的初始途径。这种流通方式构成了现代银行业务的第三个,也是最后一个分支。如今我们银行支票这部分流通,只是对这种威尼斯惯例很小的修改。

　　威尼斯银行长期没有竞争对手,但是大约在15世纪初,类似的机构在热那亚和巴塞罗那两个城市建立起来。热那亚和巴塞罗那在当时是欧洲引以为傲的城市,在贸易方面仅次于威尼斯。

　　巴塞罗那兑换所(TABLE OF EXCHANGE at Barcelona)和热那亚的圣乔治交易所(CHAMBER OF ST. GEORGE at Genoa)几乎是威尼斯银行的复制品,并很快获得了几乎同等的声誉和名望。

第二章　阿姆斯特丹银行和汉堡银行

　　并非只有纸质通货会贬值，铸币通货也容易受到同样的影响。以前，让铸币贬值是国王和各国普遍采用的权宜之计，这使他们能够更容易以贬值的通货偿还债务。如此造成的价格和贸易的剧烈波动，无异于纸质通货贬值所引起的。英国英镑和法国里弗赫原本都是金衡制的一磅银，但是前者已贬值到价值不足 5 美元，后者几乎不值 20 美分。

　　但是，除了政府不诚实的原因外，金属通货贬值还有其他原因。铸币在流通中会磨损和消耗，被贪婪者剪切。通过这些方式，铸币的真实价值下降到其名义价值以下。

　　17 世纪初，荷兰人执欧洲商业之牛耳，荷兰首都阿姆斯特丹是贸易的中心。阿姆斯特丹的通货不仅包括自己的铸币，还包括所有邻国的铸币，后者甚至占主体。其中很多铸币残破不堪，以致短少实际价值的百分之几。但是，由于在所有小额交易中，这些铸币通常都是按面值收取的，因此任何新铸币都不可能进入流通。因为，一旦铸币厂供应新币，它们就被收集、熔化，作为金银块出口，新进口的不足铸币则取代它们。但支付汇票只能用该城市的法定货币，取得这种铸币常常遇到很大的困难，如同平时很难收到它们。如果票据以通货支付，票据价值将随之波动不定。

为了纠正这些弊端,阿姆斯特丹市政府决定采用威尼斯长期以来使用的银行支付制度,这是阿姆斯特丹银行的起源。该银行的原始认购者向银行金库支付一定金额的流通铸币,相应地,他们在其银行账簿上获得了相当于该存款内在价值的账面金额。这些账面金额被称为银行货币,根据法律当局的规定,所有价值超过600荷兰盾的汇票都应以这种银行货币支付,这种货币相当于或者代表了城市的标准铸币。

这就为贸易活动创造了一种完全统一的货币,银行货币立刻出现一定幅度的升水,产生了超过流通铸币的溢价。这种溢价不时变化,可以认为它几乎等于并且通常代表流通铸币低于其名义价值的平均贬值。

阿姆斯特丹银行成立之后,就没有接纳任何新认购者,但它以跟随市场价格变化的溢价将银行货币卖给所有想购买的人。当出口需要铸币时,在收到转账的等价银行货币后,银行也出售流通铸币。银行按以下条件接收铸币和金银块作为存款:当存入铸币或金银块时,一定金额的银行货币被转入存款人的账户,相当于铸币的现值或金银块的铸造价格,并根据不同情况有少量扣除。同时,银行给存款人一个收据,从收到之日起六个月内的任何时间,存款人或任何不记名持有人有权从银行提取铸币或金银块。提取前,首先要将存款人收到的同样数额的银行货币转移给银行,同时存款人支付一定的保管手续费,铸币和银块按照0.25%的费率交费,金块按照0.50%的费率交费。如果在六个月内这笔贵金属存款未被取出,则它将成为银行的财产。

银行的利润来自这些手续费以及通过出售铸币、金银块和银

第二章 阿姆斯特丹银行和汉堡银行

货币形成的溢价。此时的银行并不贷款,本质上与我们的现代银行有所不同。它声称,保存在自己金库中的铸币和金银块总数,等于现有的全部银行货币。这被普遍认为是事实;尽管,根据曾经被认为对贸易至关重要的那种愚蠢的保密制度,银行对自身事务的实际状况一直是讳莫如深,外人莫知——除了最高行政官,他们是那种自我繁殖、长存不变的寡头统治者。

之后,按照与阿姆斯特丹银行相同的原则,汉堡以及德国其他一些商业城镇和自由市也建立起了银行。

第三章　英格兰银行

英格兰银行，最早于1694年获得特许，是所有现代银行的雏形和典范。因此，它的历史值得我们特别关注。

英格兰银行的原始资本为120万英镑，该资本不是由货币构成，而是由政府股份构成。银行的认购人向政府借出上述120万英镑款项，获得担任十二年银行合伙人的特权，政府同意年息为8%，并支付每年4,000英镑的年金。这些苛刻的条款清楚地证明了威廉国王的政府在英格兰银行成立伊始的信誉是多么之低。

这家具有特许权的新公司的主要业务是汇票买卖。但由于其全部资本是借给政府的，该怎么开展业务呢？这种情况导致了银行券的发明。银行在贴现业务中提供自己的银行券，而不再提供铸币。由于银行券一经要求即可兑现铸币，这些银行券由商人收取，并在他们之间作为货币流通。

这些便利的银行券很快在王国扩散开来，随着英格兰银行资本和信用的增加，它们的流通量不断增加。在1796年之前，这种流通量通常与银行的资本额相等。银行有义务保留大量铸币，以支付为了兑换目的而可能会提交给它的这种银行券。但是，由于这些银行券有很大一部分不断转手流通，根本不可能被提出兑付，因此，存放在银行中的铸币总数量总是比流通中的银行券数量小得多。

第三章 英格兰银行

这两笔数额的差额上的利息显然给银行带来了巨大的净收益。

该特许协议不时更新,总是以向政府提供新贷款为条件。但是,政府的信誉有了很大改善,以致英格兰银行被迫换取新的特许状时,利率非常适中,不再是8%的贷款利率,有时甚至没有任何利息,这一定程度上是给政府的礼物。

银行资本的最后一次增加发生在1781年更新特许状时,银行资本增加到11,642,400英镑,大约5,600万美元,从那以后一直保持在这个数额。全部这些资本被借给政府,自银行开展业务以来,就一直如此。当然,英格兰银行的整个业务都是用其银行券进行的。其业务分为四类:第一,银行管理公共债务,在债务到期时支付利息,利息来自政府提供的必要资金,银行每年为此事务得到津贴。第二,在收税之前,银行将钱预付给政府,当政府收到税款时,这笔钱连同利息一起向银行还清。第三,银行发行和贴现国库券。这些国库券附有利息,由政府设定赎回时间。银行对这些国库券赋予的信用,使政府能够在紧急情况下用它们筹集资金。第四,银行在三个好名声的基础上开展短期汇票贴现业务,从而为商人提供融资帮助。

第四章 私人银行

随着欧洲财富和商业的增长，私人银行家在所有主要城镇开业设店。他们接收存款，管理国家和个人的金钱事务，向可以提供必要担保的借款人发放贷款；他们买卖汇票、金银块和铸币。

英国银行家很快意识到了英格兰银行从其银行券的流通中获利，他们将英格兰银行作为榜样模仿，发行了自己的银行券，一经要求即可兑现。根据发行人的信誉，这些银行券在发行它们的银行附近地区或多或少地流通着。

对于这些竞争对手在流通方面的进展，英格兰银行极为惊恐，决心剪除竞争对手的"翅膀"。它对政府具有足够的影响力，通过了一项国会法令来制止这种进展，根据此法令，任何发行银行券的银行应由六个以上的合伙人组成。

这项狡猾而阴险的法律，通过限制私人银行的经营手段并降低其信誉，部分实现了其目的。但私人银行数量仍在继续增长，越来越多地与英格兰银行争夺银行券流通。

第五章　苏格兰银行

　　经国王特许，两家银行在苏格兰成立了：一家是1695年成立的苏格兰银行，另一家是1727年成立的苏格兰皇家银行。这两家银行在苏格兰大部分主要城镇都有分支机构，但是，由于它们从未获得任何专有特权，因此涌现出许多私人银行与它们争夺业务，并分流其利润。

　　银行间的这种自由竞争催生了一种新的银行贷款，这给苏格兰银行体系带来了声望。苏格兰银行家开设了现金账户，而不是把自己局限于贴现商业票据。也就是说，在由三位担保人签署还款保证书的情况下，银行同意在一定时间内贷出一定金额的款项给开立该账户的个人。他无须提取该款项，只在他认为适当的时机使用适当的金额。利息仅从他用款支付时开始计算。开立账户的个人可以根据自己的便利，自由地将钱存入银行，这笔付款抵销他对银行的相应债务，并终止对该款项支付利息。

　　事实上，这允许客户基于他们的存款获得利息，这种给客户的巨大好处，是苏格兰享有盛名的银行业自由竞争的成果之一。毫无疑问，苏格兰在过去五十年内备受瞩目的商业大发展和财富大增长，部分归功于此。

第六章　约翰·劳的银行体系

——土地银行

　　银行券已经引入大不列颠,提供了该国相当大一部分流通媒介,但是人们还不清楚其运作原理。

　　人们观察到,这种银行券替代了铸币,执行着铸币的各种功能,因此人们得出结论,它们本质上与铸币是一回事。请注意,根据在当时普遍盛行的政治经济学重商主义理论,铸币是唯一重要的实际财富。据此,由于国家贸易的重大目标是或应该是增加铸币数量,因此银行券被视为一种金矿,无须花费任何费用就可以制造,并能获取可观的利润。因为只要兑付可靠,银行券就被确定为与铸币相同的事物;而且,根据重商主义理论,铸币与资本或财富的含义相同;为了增加国家的资本,只需要向有抵押能力的每个人自由借出银行券。有人论证,这种抵押与为银行券的兑付提供资金是同一回事,并且这样担保后的银行券,各方面都与铸币无异。

　　这些推理者忽略了一个事实,而这对他们的体系相当重要。如今人们已经很好理解,任何国家的通货,无论是铸币还是银行券,其增加只要超出该国的商业需要,就会导致构成该通货的货币发生贬值。假定商业保持不变,一个国家的通货总价值将始终是一个固定的确定数额。如果构成该通货的铸币或纸币增加了,并且没有出

第六章 约翰·劳的银行体系

口,那么构成通货的铸币和纸币的价值都将按比例减少,于是它们的总和会与之前完全相同。

英格兰银行和英国的其他银行忽视了这一事实,它们自吹自擂,以为可以随意增加资本,按照上述说法或多或少地采取了行动。但是它们很快就惊讶地发现,每次试图增加流通量,紧随其而来的都是向它们挤兑铸币,这迫使它们以过高的价格尽量收购黄金,并常常把它们带到停业的边缘。

这些挤兑行为很容易解释。银行券发行量的增加使货币超出了国家的商业需要,并压低了其所有部分的价值,黄金是其中唯一可移动的部分,立即开始流出该国,在这里它不再像世界其他地方那么有价值。收集大量黄金最方便的方法是将大量银行券汇集在一起,然后将其交给银行要求兑付。因此,这种挤兑令银行家感到惊慌。

对该问题的这种解释远远超出了当时"实务人士"的认识。但是经验很快告诉他们,银行券发行有一定的限度,超过限度是无用的;进一步增加发行量的任何尝试,肯定会给他们带来麻烦和开销。当然,他们发现有必要对贷款进行限制,使其不超过一定数额。

但是,银行的这种必要的审慎,或者如当时人们所说,银行的这种短视的愚蠢,这种有害的、狭隘的谨慎态度,招致了各色人等的极度不满,尤其是希望长期借贷却被银行拒绝融通的土地所有人。在这种公众意识下,著名的约翰·劳提出了他的土地银行计划。

该方案简述如下:建立一家银行,王国中的所有土地所有人均可成为股东;为了保证他们各自股份的支付,应将其土地所有权通过抵押方式转移至银行。这些股东可以借入银行的银行券,以其各自所持股票金额为限,并以该银行股份作为抵押,作为到期偿还贷款的担保。因此,约翰·劳先生说,我们将能够发行与该王国全部土地财产数量相当的银行券,能够为国家增加这一数额的资本和财富。

这项华丽的计划首先被提交给苏格兰议会,即约翰·劳的祖国的议会;不过,由于苏格兰人习惯上的谨慎,或者其他原因,这个方案未被批准。但是它带来了许多信徒,根据当时的观念,其理论谬误不可能被察觉到。几家私人银行或多或少都是根据这一原则建立起来的,但是它们的结局不妙,即使其发起人最终没有破产,也都以失望和亏损告终。

第七章　密西西比系统

但是,约翰·劳先生的方案在法国得以进行最重大的尝试。在路易十五国王尚未成年、法国由奥尔良公爵摄政王统治时期,劳先生去了巴黎。1717年,他从国王那里获得特许权,在法国建立了一家银行,这家银行在成立之初低调地称为"劳银行公司"。这家银行发行银行券,这是法国有史以来的第一次。由于该银行很谨慎地维持其信誉,并迅速偿还了债务,所以这些银行券很快就广泛流通。

1718年12月,政府公布了一项法令,国民得知国王已经买下这家银行,从此以后它就被称为"皇家银行"。劳先生被任命为董事长,在主要省级城镇设立了分支机构。

为了践行劳先生的原则,并创造出一个能从该银行借入任意金额银行券的借款人,一家名叫"西部公司"的贸易公司已先期成立。整个路易斯安那殖民地,包括法国在密西西比河两岸的大片土地,以及"密西西比系统"的名字,都转让给了这家公司,该公司以密西西比系统广为人知。但是,借款应该无限期地继续下去,因此有必要无限期地扩大借款人的业务,实际上要垄断整个国家的贸易和业务。因此,西部公司买断了塞内加尔公司、印度公司和中国公司的特许状、特权和财产;现在已获得"印度公司"的头衔。公司接下来获得了外包王国所有税收收入的特权,并付给国王一笔钱买下了铸币厂，获得铸币权。最后公司以3%的利率向国王提供了15亿里弗赫的贷款，以使政府能够偿还公共债务；至此，除集合了法国所有最有利可图的业务外，该公司成为唯一的公共债权人。

为了筹集这些庞大事业所需的巨额资金，公司会不定期发行新的股份。该公司的原始股份，每股500里弗赫；但是，不时发行的新股的认购价会升高，最后一次发行新股的认购价提高到了5,000里弗赫：公众的期望如此之高，对拥有股票的竞争也是如此激烈，以致这些相同的股票在公共交易时的价格达到10,000里弗赫。那些以上涨价格出售股票的老股东获得了巨大的财富。

由于公司通过银行券这一媒介开展所有业务，银行的流通量极大增加。导致流通量进一步增加的是大众的异常兴奋状态，这使整个法国变成了巨大的股票交易所，为便利这种新型贸易，需要大量的流通媒介。

这些纸币发行的自然结果是，铸币迅速离开了这个王国。这种情况使银行经理感到惊慌。由于现在银行券的流通量变得庞大，人们对挤兑的影响产生了极大的担忧。为了防止挤兑的可能性，阻止其后果，1720年1月、2月和3月政府连续发布法令，纸币成为支付租金、关税和税款的法定货币；硬币仅限小额支付；禁止任何个人或公司在任何时候拥有500里弗赫以上的铸币，否则重罚并没收其保管的款项。这些法令使铸币变得比以往更加稀缺。那些对银行充满信心的人随身带着铸币去换纸币；那些信心较弱的人，则将自己拥有的硬币藏起来，或者将其送出法国。

皇家银行和印度公司现已合并为一家公司。但是国王仍像以前一样对纸币做出担保。

第七章 密西西比系统

根据前文提到的那种实践，法国政府长期以来一直习惯于为了自身便利而改变铸币标准。为了防止这种骗局，就银行券而言，已经明文规定，银行券面值提到的里弗赫是银行开始营业时流行的里弗赫的重量和纯度。为了有利于银行券的流通，在过去的四年中，政府不断变更铸币标准。现在它仅是银行成立之初实际价值的一半。

摄政王的一些顾问向其反映，不应容忍铸币里弗赫和纸币里弗赫之间的这种差异，有必要提高铸币标准或降低纸币的价值。劳先生抗议这一建议，并呼吁信守对银行券的承诺，但这是徒劳的。5月21日，政府发布一项法令，按10比8的比例降低纸币的价值；7月1日发生了另一次贬值；接下来，每个月的月初都会发生一次贬值，直到12月1日，这些纸币的价值保持固定在以前的一半。同时，公司股票的市值也发生了类似的贬值。

这项法令立即对纸币的流通造成致命的影响，且不说这给它们的信誉带来的震撼（当一个法令已经夺走其一半的价值时，另一条法令也许会夺走其另一半价值），这破坏了纸币作为流通媒介的便利性。银行券的价值在六个月的时间内一直波动，在此期间无法按照令人满意的标准估算出它们的实际价值。银行立即开始发生挤兑，但是，为了防止挤兑的后果，避免失去积累的铸币，银行关门了。

这些做法的后果可想而知。所有生意都突然停滞。数以千计的曾想象自己富有的人，立即陷入贫困和危难。只有铸币被接受为支付方式，而人们很难得到铸币，很难找到购买生活必需品的手段。

据说，该银行的流通纸币总额达22.35亿里弗赫。为了吸收这些银行券，从而平息公众的不满情绪（这些不满已构成爆发公开反抗的威胁），政府最终提出以大约 2% 的利率偿付这些银行券。为了迫使持有人接受这些条款，政府发布了一项法令，规定于 11 月 1 日之后禁止流通这些银行券。劳先生的纸币至此寿终正寝。

崩盘的直接责任归于摄政王和他的顾问们。但是该银行和该公司的整个架构的基础都是错误的，它必然会倒塌。突然垮台的冲击巨大，令人痛苦不堪，人们大可怀疑，这是否并非这一情况允许的最佳做法。让混乱局面缓慢消失造成的影响不会那么明显和引人注目，但是，对法兰西民族来说很有可能会更加致命。

第八章　英格兰银行续史

——硬币兑付的中止及恢复

英格兰银行与英国政府的联系长期以来一直非常紧密。就可能影响王国贸易和货币问题的所有公共措施，政府频繁地向银行董事们咨询，首相总是虚怀若谷地倾听他们的意见。

而且，由于皮特先生针对法兰西共和国的反雅各宾战争，这种紧密联系变得有过之而无不及。战争还不到三年，这位首相就不得不谦恭地向银行做出一个明确的承诺，在没有事先与董事们协商的情况下，他不会参与任何可能影响外汇汇率以及通过这些汇率影响银行券流通的政治活动。

1796年，担忧法国入侵的恐慌甚嚣尘上。大臣们被怀疑煽动了这种恐慌，这种怀疑并非毫无道理——为的是增加自身声望，并保持对法国共和派的民族狂怒，而这种狂怒现已开始衰减。

但是这种恐慌产生了一种大臣们未预见到的效果。人们想到如果入侵确实发生了，银行也许会停止兑付；为了应付各种紧急情况，人们开始将他们的银行券还给银行，要求换成黄金。

董事们立即求助于过去类似情况下他们屡试不爽的权宜之计，即突然减少贴现。但是恐慌情绪继续增加，挤兑持续，硬币存量开始迅速减少。董事们向首相递话说，他们很有理由担心将被迫实际停止兑付硬币。于是双方进行了磋商，作为这次磋商的结果，政府下达了一项命令，责令英格兰银行在国会开会之前中止兑付其银行券。也就是说，为了避免即将发生的破产，银行被命令不履行义务！

该命令于1797年2月27日向公众发布，同时，董事会发布了一份通知，指出银行的总体状况从未如此充裕，他们打算像以前一样继续贴现商业票据！

这个消息甫一公布就引起了极大轰动。但是，董事们在打一场胜券在握的游戏，政府站在他们这边。商人们不知道离开银行提供的融资怎么办，为了确保它们的连续性，有必要支持银行自认为适当的方式。人民大多对这件事知之甚少，但他们对政府和商人们的默许表示满意，因此紧随其后。不久，事态发展完全像银行从未不履行义务一样。

议会召开会议，命令继续暂停银行券的兑付，直到本届议会结束。此后一直延长到下届议会开始。然后，每年重新开始一次。1802—1803年的短暂和平期结束后，并没有为恢复兑付硬币而做任何尝试；最后，命令继续中止兑付，直到达成明确的和平条约。

既然英格兰银行没有以硬币兑付纸币，这就与劳先生的皇家银行并无二致了。尽管同样危险，但英格兰银行要谨慎得多。首先，董事们采取了非常谨慎的步骤。他们没有试图增加发行量，结果，这些纸币在一段时间内基本上保持了票面价值。大臣们和实务人士为他们"不兑付硬币银行"的运转感到惊讶和高兴。有种观点逐渐在他们中间蔓延开来：银行券和铸币是一样的东西，银行有权随意制造货币。对参与成本如此高昂的战争的人们来说，这真是一个

第八章 英格兰银行续史

令人欣慰的想法。这正是劳先生的观点和错误。这个被复活的错误曾在多年前被亚当·斯密做出了最充分的解释和驳斥。皮特先生自吹从未读过《国富论》，因此，他被如此欺骗就不足为奇了；但是商人和土地所有者中这么多有才干、有知识的人也犯下同样的错误，这就是人们容易上当受骗的一个最令人震惊的例子——当这种欺骗与某种虚构的利益相辅相成时。

董事们逐渐接受这一观点——其发行量仅应局限于拿来贴现的真实票据。但是由于船大难掉头，他们开始按照新观点行事还需要一段时间。到1803年，银行券大约贬值3%。但是通过"不利的兑换""价格高昂的金条"之类似是而非的表达，这种贬值对公众仍然掩饰着。少数有识之士觉察到问题并予以指出，但是他们立刻遭到执政党报纸的严厉抨击，被谴责为空谈家、雅各宾派、叛国者和法国的拥护者。当有人开始谈论拒绝接受银行券支付租金和其他债务时，国会通过了一项法令，将这些银行券作为法定货币。

在这种宠爱有加的氛围的鼓励下，董事们继续充满信心。他们大量增加银行券发行量，到1810年，贬值达到了25%。

对政治经济学略微熟悉的人都知道，价格上涨是对贸易最大的刺激。可以说，只要货币贬值是渐进的，不被觉察，那么它的影响之一便是使物价上涨，尽管只是表面的上涨，但短期内会出现实际上涨的所有影响。在这种幻觉之下，英国人民努力劳作了十年。价格一直在上涨；商业不断发展；人们幻想着迅速致富；那些总是从第一印象做出判断的实务人士，颂扬新的银行体系，将其作为国家繁荣的源泉和基础。

但是，国际形势风云突变。拿破仑将英国的商业排除在欧洲大陆之外；美国的禁运（起因于英国政府试图通过确保航运垄断来满足英国船东短视的贪婪）切断了有利可图的贸易分支。商业受阻，倒闭开始。很快变得明显的是，过去十年中许多信以为真的收益仅以数字表示，都是完全虚幻的。当人们寻找财产时，它并不存在。

在这种情况下，实务人士开始改变主意。下议院提议并任命了一个委员会，调查"金条价格高昂的原因"。

首相和银行董事们竭尽全力使该委员会通过一份有利的报告。他们极力坚持认为，银行券**丝毫没有贬值**。但是相反的证据是压倒性的。委员会多数成员的诚实和勇气胜过首相和董事们的花招和威胁。最终，一份缕析条分的长篇报告提交给下议院，报告说：事实证明，这些纸币**已经贬值了**，而且有可能继续贬值。报告得出结论性建议，两年之末恢复硬币兑付是唯一有效的解决方法。

报告的发表引发了激烈的讨论。政府部门和银行的坚定支持者立即通过报纸、小册子和杂志对此予以抨击。报告中陈述的一些事实并不能完全成立，有些推理非常可疑，这为抨击者们提供了一个优势，他们对此大加利用。但是，真理的力量是如此之大，以至于一旦它能够公平地展现给公众，它就必定会占上风。尽管有人力图防止这种情况，但英国公众不久就达成一致意见：银行券已贬值；新的银行体系不过是泡沫；绝对有必要重返硬币兑付。

但是这种重返如何实现呢？内阁竭尽全力反对拿破仑·波拿巴。英国船东的贪欲首先破坏了与美国的贸易，现在使英国卷入了与美国的战争。政府没有条件做出牺牲，或减少对国库的要求。商人们无法想象削减银行资金融通，许多都在破产的边缘颤抖着，并且所有人都认为，只要战争持续下去，恢复硬币兑付就不该考虑。

第八章　英格兰银行续史

但是，与此同时，银行被禁止增加纸币的发行，从而防止了继续贬值。

终于在1815年，渴望已久的和平到来了。但是正如1793年战争爆发伴随着全国商业关系发生突然转变，战争结束也是如此，这导致了严重的商业危机和无数商人破产。在这种情况下，国家、政府和商人们没有勇气和决心立即恢复硬币兑付。很少有人敢于直面灾祸。有多少人遭受牙齿疼痛直到神经衰弱，而不愿经受拔牙的短暂烦恼？这种胆怯并不局限于妇女和儿童。它在英国流行很广，循序渐进的信条在这里被推崇为政治学神话；在这里，改革拥护者经常遇到这种智慧隽语："时间是最安全的革新者。"

对此时的英格兰银行来说，该信条绝对占上风。它决心逐步减少银行券的发行，直到恢复票面价值，届时再恢复硬币兑付。据说，这个过程将在没有引起丝毫冲击的情况下进行，事实上，对国民来说是难以察觉的。这个过程进展得如此缓慢，直到1823年，由于《皮尔法案》对此的影响，银行终于开始履行其义务，恢复银行券的硬币兑付。

那么，这种操作方式自然的、确定的必然结果是什么？我已经提到过，货币贬值表现为价格不断上涨，是对贸易的暂时刺激。货币逐渐升值的效果正好相反，它导致价格下跌，价格的持续下跌会对各行各业产生最令人沮丧的影响。但是，这是英国议会认为适合采纳的渐进升值机制的必然效果。这一机制持续运行，直到银行券升至面值。

当我们在这种稳定和经常性的困难根源之上，加诸以下事实时：丧失了战争带给英国的对制造业、贸易和航行的垄断，并且由于英国政府的战争需求停止,从而失去最好的客户;以及当我们回忆实务人士如何慢慢地理解这种变化的后果,他们多么不情愿地使自己适应新的状态时,就不难解释和平之后的数年中英国产业所经历的大萧条。那些拒绝为了诚实和荣誉而冒生存风险、拒绝立即恢复硬币兑付之人,则在逐渐的压力折磨下,最终数以千计地倒下。

碰巧的是,在实际恢复硬币兑付之后不久,西班牙的美洲诸殖民地独立为共和国,被英国政府承认。这种承认伴随着与这些国家往来的增加。在伦敦,贷款为它们贷出;成立了拥有巨额资本的公司,经营美洲的矿山;制作和发行了最打动人心的报道,炒作这些新事业板上钉钉的利润。在过去几年中,每一行业都处于低迷状态,要以任何稍微确定的回报来投资,甚至保持资本不减,都是非常困难的事情。这些新投资受到了追捧;就像一句谎话一般会产生一大堆谎话,股份制公司出于各式各样的目的冒出来,商业恢复了相当活跃的气氛。

但是这种活跃没有坚实的基础,它是被迫的、不自然的。大部分新投资被证明是完全没有生产力的。股市发生了恐慌,不久就蔓延到其他领域。价格立即下跌;商业停滞不前;银行开始发生挤兑;几十家银行停止支付;商人、农场主和制造商紧随其后;困苦和惊慌普遍存在。可以观察到,在那些当下破产的人中,大量的人在过去十年里从事着导致破产的生意。价格一直在稳定下降,他们一直在稳步亏损,直到他们的资本全部耗尽。他们已经失去偿债能力一段时间了,1825年的恐慌并不是他们破产的原因,而只是破产发生的时机。

如果有两件事同时发生,但是它们之间几乎没有联系,实务人

第八章 英格兰银行续史

士一定会发现因果关系。恢复硬币兑付与1825年的恐慌无关——除非,正如本文已经表明的那样,拖延恢复兑付的确不断地对国家产业产生最灾难性的影响。但是,由于许多受害者的无知和盛怒,这两个事件现在被联系在一起了;皮尔先生和恢复硬币兑付被谴责为造成所有苦难的原因。

但是1825年的恐慌很快过去了。最终,该国摆脱了一种通货状态,这种通货通过自然而必然的操作导致价格不断下跌,阻碍了产业发展。大不列颠的农业、制造业和商业最终被迫适应了全面和平引发的新情况。这种被许多人认为破坏贸易和使人破产的全面和平,现在开始产生自然、喜人的效果。在过去的五年中,英国产业在健全、稳定和实质繁荣的基础上得以重建。自从皮特发起反雅各宾战争以来至今,这样的情景在英国还从未出现过。

第九章 英国私人银行续史

——股份制银行

在这一长期过程中,英国的私人银行一直在不断发展。硬币兑付暂停后,它们被迫用英格兰银行的银行券赎回自己的银行券,但由于流通银行券数量的增加,它们仍从利润中分得一杯羹。并且,英格兰银行和政府有必要设法使它们对新安排保持良好的态度,因此它们得到了不同寻常的自由度。

1815年和平之后,私人银行不可避免地与英国贸易和产业的所有其他分支机构一起遭到打击。不到十年的时间,许多银行已经失去偿债能力。但是因为它们保留了信用,在失去资本之后,它们仍然能够继续存在,直到1825年崩溃暴露出了它们的现实状况。

但是,随着工商业的复兴,私人银行得以复苏,并很快恢复了它们以前的信用和流通。英格兰银行的特许状于1835年到期,尽管已经临时延长了21年,英格兰银行却被剥夺了一部分专有特权。这一直是它引以为傲之处;如果我们相信董事们的话,这是英格兰银行成功运作必不可少的依靠。根据新的特许状,禁止私人银行拥有六个以上合伙人的法律,并不适用于围绕伦敦65英里的范围之外。王国的其余部分开放了自由竞争。这个规定的效果业已非常明显。

第九章 英国私人银行续史

在所有的省级城镇中都涌现了股份制银行,这些股份制银行与美国股份制银行除一个特殊之处外完全相同。美国股份制银行中股东的责任受各自股票数量的限制,而在这些股份制银行中,它却受公司负债的限制。一个是有限合伙,另一个是无限合伙。

由于其更大数额的资本,以及在仅仅未上市合伙情况下不可能具有的事务的公开性,这些股份制银行正在迅速取代私人银行。它们已经引发英格兰银行的严重嫉妒。有充分迹象表明,依靠其手段、信誉和广受欢迎,这些股份制银行有意与英格兰银行一决高下,并且很快,就会挑战长期以来英格兰银行的董事们对英国货币事务武断排他的控制。

第十章　政府纸币

所有发行政府纸币的方案，本质上都基于与劳先生建立其银行系统一样的想法。

根据该想法，只要发行人的偿付能力毋庸置疑，银行券与铸币相同。既然政府的手段和偿付能力仅仅受到该国财产总量的限制，那么在财产总额的范围内，政府可以安全地继续发行银行券。

在尝试运行该方案的那些地方，设计者对最初的效果满意，并确认他们的资源是无穷无尽的。银行券价值一度与面值完全保持一致；由于其优越的便利性，甚至比铸币更受青睐。只要纸币的发行额不超过该国先前流通的通货数量，这种情况就会持续。但是，一旦突破该限制，并且很快突破，则会立即开始贬值。如果继续发行，那么这种贬值的幅度很快就会变得更大，以致破坏流通媒介的便利性，破坏其信誉并驱使它们退出流通领域。如果政府在发行这些银行券时同时提供吸收它们的方式，或一经要求就兑现铸币，它们将始终保持在票面价值。但为时不久，就会形成左手接收、右手还回银行券的情况，并且会彻底挫败政府发行这种通货的目的，这个始终如一的目的就是——用承诺而不是用铸币来偿还债务。

美国独立战争之初，该国的流通货币全部由铸币组成，估值约为 500 万美元。只要邦联议会和各邦发行的纸币不超过该数额，纸币就会保持在票面价值。但是战争的第一年就花费了500万美元，新的发行变得必要。贬值立即开始，并以价格上涨的形式显现出来，如果仅按名义价格计算，价格上涨幅度很快就变得过度和惊人。邦联议会和各邦宣布其纸币为可以履行所有支付的法定货币，并且完全等同于铸币，但这种宣布是徒劳的。各邦颁布最专横的价格管制法律，谴责"纸币一个价，铸币另一个价"是不道德的、叛逆的，是明确的不忠表现，但这也是徒劳的。这些双重价格很快就被完全地确立起来。到1780年，仅邦联议会就发行了两亿美元的纸币，贬值到40美元纸币相当于1美元铸币。邦联议会最终迫于形势，发行了一套新的纸币，但这毫无效果，从而承认了旧纸币的贬值。这是对其纸币一文不值的公开承认，这对它的信誉是致命的，其纸币的贬值几乎跳跃到200比1，很快就变成1,000比1。没有人会接受这样的比率，于是它悄无声息退出了流通。

美国纸币的历史，就是法国指券的历史，也是奥地利和俄罗斯政府纸币的历史，实际上是每个做过这种尝试的国家的历史。

第十一章　美利坚殖民地的纸币通货

然而，美利坚在纸币方面的经验早于独立战争。

由于奥兰治的威廉登上英国王位，英国的美利坚殖民地与阿卡迪亚和加拿大的法国邻居展开了一系列代价高昂而血腥的战争；那些战争因征服法国殖民地才终止。

马萨诸塞通常在这些战争中首当其冲，并付出代价。战争开始时，她的人口不超过50,000人，其资源与她的精神完全不相称。就在第一次战争的第一年，即1690年，马萨诸塞装备了一支由八艘船组成的舰队和一支由700名士兵组成的军队，交由威廉·菲普斯爵士指挥。威廉·菲普斯爵士是马萨诸塞人，英国马尔格雷夫伯爵的直系先人，马尔格雷夫伯爵现为爱尔兰总督，是文学界出名的小说家。菲普斯包围了阿卡迪亚的首府罗亚尔港（现为安纳波利斯），那个地方投降后，他完成了对该殖民地的征服，随后班师凯旋波士顿。

尽管女巫们在这个时候肆虐殖民地，开始了她们在波士顿和塞勒姆的行动，但受到成功击败阿卡迪亚的鼓舞，马萨诸塞议会还是武装了1,200人，在菲普斯的指挥下出航袭击魁北克。但是菲普斯发现这个地方比他预想的强大得多，被迫无功而返。成功被翘首以盼，部队马上返回完全不在预料之中，并且没有足够的经费来付给他们。这样就存在叛乱的危险；由于政府没有铸币，便向士兵发放了信用券，可以用来支付税款。它们作为货币从一人之手转至他人之手，这在殖民地立法者的热切目光看来，就揭示了金融业的新秘密。

几乎所有殖民地都寻求把信用券的发行作为金融应急手段。但是，它们也是根据某些政治经济学原理发行的，目的是为殖民地立法机构中有影响力的领导人提供融通。

在所有殖民地，资本稀缺一直是人们抱怨的最令人苦恼的问题。当劳先生公开了他著名的通过银行券增加资本的计划时，他在大西洋西岸发现了许多热切又自愿的信徒。

他们提出并被几个殖民地所采用的程序是这样的。政府发行一定数量的信用券。这些信用券被借给殖民地的主要人物，他们用自己的土地作为抵押或提供其他担保，以便按时分期偿还借入的款项；如此归还的款项，应明确地、专门地用于赎回和清偿这些票据。每年需支付这些贷款的利息，利息进入国库，以减轻人们的税收负担。这种诱饵诱使人们赞成这一措施。

有人认为，信用券的价值是确定的、绝对的，永远不可能贬值；因为，这些信用券的赎回是绝对有保证的，不仅有政府为此目的的信用保证，而且提供资金专门用于这一明确目的，适当运用这些方法必定会在一定期间内清偿这些信用券。

但是，如果不发行超过充分满足殖民地流通的信用券，则要满足借款人的要求并不容易，因此，发行这些信用券的每个地方都发生了贬值。

在某些殖民地，如宾夕法尼亚，发行量相当适度，贬值从未变得非常严重。在其他地区，例如南卡罗来纳和新英格兰殖民地，殖民地政府毫不吝惜地发行信用券，不仅用来偿还贷款，也作为支付战争开支的一种手段，故而有时贬值幅度过大。

如同贬值一贯的作为，这些贬值表现为价格上涨。纸币支持者将上涨的原因解释为货币的稀缺，他们习惯于推荐的补救措施就是新发行更多的纸币。

最终，在1720年，英国政府向各殖民地总督发出了一项通令，除了必要的政府支付，禁止他们准许任何信用券的发行。

这个命令的直接原因非常明显，并且最有力地证明了，我们受尊敬的祖先并不完全是我们被教导要相信的那么纯洁、诚实和头脑简单。纽约立法机关模仿了兄弟殖民地，认为发行大量信用券是适宜的。但是，他们没有将其用于公共服务，也没有为了殖民地的利益将其借出去，相反，他们在总督、政务委员会和议会成员之间进行了分配：对于总督，是作为其薪水之外的奖金；对于政务委员会成员，是酬报所谓其在30年前莱斯特勒叛乱中提供的服务；对于议会成员，则是考虑到其爱国主义、诚实和对公共利益的尊重！

这种对殖民地政府发行信用券权力的束缚，催生了根据劳先生的原则建立私人银行的几次尝试；随着这些尝试取得部分成功，新的正在贬值的纸币不断地发行。

这些英国殖民地发行纸币的详细历史，可以写满洋洋一大卷，呈现出我们殖民祖先公开和私下的欺诈、挥霍、固执无知以及对最清楚证据的顽固抵抗的画面，完全谈不上什么美德或精明。

尽管信用券造成了损害，但它们在很长一段时间内仍然很受欢迎。在近一个世纪的时间里，无论何时发生了实际的或是虚构的贸易停滞,美国实务人士最喜欢的补救措施都是增发信用券。由于这种发行总是给企业带来短暂的活力,因此信用券的优点被认为是不可否认的。没有人不辞辛苦探究其后续的影响。在这一漫长时期,殖民地的商业状况可以用个人状况的例子很好地说明,对一个人来说,含酒精饮料的惯常使用能给他带来一时的刺激,不过确定无疑也会造成他的虚弱、疾病和痛苦。

但是,具有革命性的信用券的经验打开了人们的视野。他们变得更加聪明;政治经济学的原理开始被理解;实验规模很大,后果明显。它使诚实和爱国的人穷困潦倒,并将他们的财富转移到流氓和托利党人手中。令人颇感欣慰的是,人民最终认识到这种权宜之计的有害后果,因此在美国宪法明确规定,永远不能发行信用券,除金银以外,总体政府(general government)和各州均不得使任何东西成为偿还债务的法定货币。

第十二章　美国的银行

按照英格兰银行和英国私人银行原则建立的美国第一家银行是"北美银行"。该银行于1781年在费城成立，由当时的财政总监（该职务对应今日的财政部长）罗伯特·莫里斯发起和管理。

革命战争仍在继续；但是邦联议会和各邦最初发行的纸币如此泛滥，已贬值到如同无物，并退出流通。铸币是现在唯一的通货；为了让战争进行下去，邦联议会在寻找手段方面遇到了最大的困难。

财政总监向邦联议会提出建议，让一家银行发行像英国那样流通的银行券，一经要求兑现为硬币，将极大地便利国库的运作；并且可以让他在紧急情况下，通过从该银行贷款的方式提前使用公共收入。这一描绘颇有说服力，邦联议会批准了一份特许状，取得一部分股份，同意接收用该银行的银行券支付的所有公共税款。剩余的股份由个体认股人吸纳。最初的资本是40万美元，之后增加到200万美元。在所有本质要点上，这家银行都是之后根据联邦宪法召集的第一届国会建立的国家银行（the National Bank）的样板。

北美银行行事谨慎，大获成功。它获得了公众的信任；其银行券获得广泛流通；它在一般公众里如此被推崇，进而从宾夕法尼亚邦获得补充特许状，这是更有必要的，因为邦联议会批准特许状极其令人质疑。它向邦联议会提供的服务清晰明了,获得了普遍认可,在这方面,它实现了人们对它的所有期许。

但是战争结束后,该机构的成功、其专有特权以及巨大的红利,在宾夕法尼亚邦激起了一个反对其延续的党派。它被谴责为危险的和反共和的,并成为最激烈的党派斗争的目标。如同今日一样,彼时宾夕法尼亚邦分为银行党派和反银行党派,斗争十分激烈。1785年,反银行党派在立法机构中取得压倒性多数,废除了银行特许状;但是,根据邦联议会特许状的效力,该银行仍继续开展业务。次年,银行党派重占上风,特许状于1786年3月17日续签,有效期为14年。

我没有时间也没有空间来细究这种争议的是非曲直,分析维持或反对该银行所依据的理由。任何一方都没有理解所讨论问题的实质真相,也没有一方愿意理解它们。实际上,这只是莫里斯先生的朋友与他的敌人、竞争对手之间的个人争吵。双方都谋求大众支持;是激情,而不是人的理性,指导着他们的观点。宾夕法尼亚邦的这段历史构成了一个惹人注目的实例,可以证明,只要银行特许状依赖立法机关的支持,那么它们就是持久的争夺对象,以及最尖锐的党派敌对的不竭之源。

这家费城银行的成功很快诱使美国其他商业城市的商人向各自的邦寻求类似特许状的授予。马萨诸塞邦银行于1784年在波士顿成立,资本为160万美元。同年,纽约银行开始在纽约开展业务,其资本为95万美元。当联邦宪法开始运作时,这三家银行是仅有的已经成立的银行。

第十三章　第一合众国银行

美国首任财政部长亚历山大·汉密尔顿是英格兰及其全部制度的忠实仰慕者。他知道英格兰银行和英国财政部之间的密切联系,熟知好朋友莫里斯在担任财政总监期间获得过来自北美银行的重要援助。

根据联邦宪法召集的第一届国会为提供公共税收、偿还公共债务忙得焦头烂额。在第二届国会上,汉密尔顿先生提出了关于合众国银行的计划。

这一计划建议,该银行的资本应为 1,000 万美元,美国政府应占五分之一;其余部分分给个体认股人,并允许其以长期债务凭证支付其认购额的四分之三,另外四分之一以铸币兑付。该行的银行券可以支付所有的公共税款;国库将由其经理;国会在其持续期间不授予其他任何银行特许权。

这家银行将带来如下好处:第一,通过吸收 800 万美元财产而使政府股票具有信用和价值。第二,这样一家银行在国库的收支、公共债务的管理上给财政部带来极大的便利。第三,以贷款的方式向商人和其他人提供便利和融通。

基于以下理由,拟议中的银行遭到强烈反对:第一,包括这家银行在内的一般银行机构,都是狡猾之徒的欺诈手段,他们牺牲人

第十三章 第一合众国银行

民的利益来致富。第二,通过将政府行政部门与有钱人的利益和影响力联合起来,该银行倾向于加强本身已经很强大的政府行政部门。第三,这种特许状是违宪的。

对于这些支持或反对的理由,可以观察到,支持银行的第一个和第二个理由,是其中具有实质性的,因此具有一定的分量。

支持银行的第三个理由以及反对它的第一个理由,涉及政治经济学的一个重大问题,任何一方都没有很好地理解这一问题,这将在本书的第二部分中进行充分讨论。这个问题无疑是整个争论中最重要和有趣的部分;但是,好像议员们意识到他们对它了解得很少一样,它远没有成为关键点。一大群律师宁愿将结果寄托于玩弄法律诡辩和耍文字聪明上,因为他们许多人对此都非常熟练。

因此,讨论最终落到宪法问题上,即反对银行的第三个理由。这个问题与银行理论无关。让律师和政客们去解决这一问题——如果他们能够解决。我只想说,宪法的文字内容只是一方面;另一方面则是:所有政党的实践、每届行政当局的法令、每届国会的所作所为、最高法院的庄严判决,以及杰斐逊先生除外的每位主要政治家的意见。

授予特许状问题是由非常接近的投票结果决定的。第一合众国银行开始运作,不久就兑现了其支持者的许多期许,也符合其反对者的一些预测。政府股票很快升至面值;在欧洲的销售为这个国家提供了非常急需的资本金。银行向财政部提供的便利是不可否认的;但人们也观察到,银行股东很快成为行政当局和汉密尔顿先生最坚定和毫不退缩的支持者,他们的建议基本左右着行政措施。

对于严格垄断的拥护者来说,非常不幸的是,授予银行特许状的权利不仅由国会行使,还由各州立法机关行使。由于平等权利的民主精神在州立法机关中一直比在国会更加活跃,没有哪个州的银行能够获得类似于国家银行所拥有的那种专有特权——这种特权一直以来被看作国家银行最值得骄傲的东西。

第一合众国银行的建立和成功给银行业带来了新的动力。同年,马里兰银行在巴尔的摩开业,资本为30万美元;第二年,普罗维登斯银行由罗得岛特许建立,资本为40万美元;[①]1792年,8个新的州立银行成立了;到1810年,美国的银行总数已达80多家,总资本约为5,000万美元。

成立伊始,第一合众国银行就是一个党派机构。它由汉密尔顿的朋友和追随者支持,并遭到杰斐逊追随者同样强烈的反对。只要汉密尔顿的党派继续执政,银行与政府之间的协调就是完美的。但是杰斐逊就任总统后,政府持有一套政治见解,而银行董事们则持有另一套。

当特许状到期的时间日益临近,这种状态的自然后果已充分展现。显而易见,如果一家国家银行是件好事,那么对于这家银行来说,除非其股东或代理人因某些欺诈或不当行为而被定罪,就应不断得以重新授权,保持不间断运作。一家银行倒闭,另一家银行开始运作,无论这种操作多么令股票经纪人和股票赌徒愉快、有利,也只是对他们本身有利。对于公众而言,这是非常不方便的。这再一次证明了银行开业完全依赖立法机构的弊端,立法机构的决策总

---

① 此处作者有误。马里兰银行于1790年开业,第一合众国银行和普罗维登斯银行于1791年开业。——译者

第十三章　第一合众国银行

是或多或少地受到不过是某种政党精神的指导。

实践证明，第一合众国银行对于财政部来说非常方便，财政部长加勒廷先生[①]赞成以此为由重新授权。最初反对该银行的很大一部分人，放弃了在1790年表现出的对所有银行机构的强烈反感。他们中的许多人已经成为各州银行的高级职员或股东；其他人则习惯于从合众国银行那里获得不愿意失去的商业资金融通。因此，出现了许多意想不到的赞成延长特许状的拥护者。但是，当时的合众国银行却掌握在联邦党人手中——这是反对它的一种理由，对最有见识的人和最无知的人都一样有说服力。正是这一事实阻止了银行再次获得特许状，授权的法案被非常接近的投票否决了。国家银行的仰慕者和拥护者，以实务人士的惯常逻辑，将第一合众国银行关闭之后发生的所有通货紊乱归因于没有国家银行。这些事情在该银行关闭之后发生，因此是由银行关闭导致的。这是一种非常简单方便的证明方法，但是不能绝对依赖它，因为事物通常在时间点上有联系，而实际上却没有任何联系。我们马上就会明白造成这些通货紊乱的原因是什么。同时，我只想说，这对于第一合众国银行的荣誉来说是幸运的：由于其不再存在，可避免暴露于诱惑之下，而这种诱惑对其他机构——就品质而言与国家银行同样受人尊敬——的诚信来说过于强烈。

[①] Albert Gallatin，1801—1814年先后在杰斐逊总统和麦迪逊总统当政期间担任财政部长。——译者

第十四章　州立银行

——硬币兑付的中止

国家银行的关闭，引起人们担心银行资本和银行融通资金数量短缺，但国家银行毁灭后兴起一些新的州立银行，它们的供给远远超过了这种短缺。在1810—1812年这三年里，41家新州立银行被特许成立，总资本约为3,600万美元；因此，在与英国爆发战争之前，美国的银行总数已超过120家，银行总资本大约为7,600万美元，不过其中一部分只是账面上的。

出于对人民的仁慈，或对自己名声的顾惜，也许是两者的混合，政府决定在不征税的情况下进行战争。他们依靠贷款。但是欧洲的贷款市场对他们大门紧闭；在国内，很多有钱人反对战争，不太愿意提供让战争进行下去的手段。政府不得不通过非常优惠的条件来诱惑贷款人；随着战争的进行，这种必要性也增加了，他们提供的条件变得更加有利。即使是最诱人的提议也无法与东部资本家的政治偏见相提并论，这最明显地表明了贪婪是一种强度次于憎恨的激情。但是在欢迎战争的中南部各邦，有钱或能够调用金钱的人在爱国和利益的双重推动下贷款给政府。在某些情况下，银行本身就是资金贷出者；在其他大多数情况下，它们借给个人，个人又借给政府。事情以这种方式一直持续到1814年年中。那时，政府在金钱方面的困扰最大，比以往任何时候都更加吁求贷款。但是银行已经竭尽所能：它们的资本已全部投入，它们将持有的银行券尽可能更多地投入流通；只要它们继续赎回这些银行券，即偿还自己的债务，它们就不可能再借给政府更多的钱，或者借钱给个人。

成功欺诈的例子不乏模仿者。在这种紧急情况下，银行董事们想起英格兰银行已做过并且仍在做的事情。他们完全知道，那个银行已经证明那样做是多么有利可图的投机。他们中有人建议这样做，不久，中止硬币兑付的决议获得了通过。

为了使该计划成功实施，首先必须确保政府的默许。因为如果政府同意继续接受他们的银行券支付所有公共税款，这将给银行券增光，以维持银行券的流通。政府仰仗于银行。他们自己无力提供足够的资金来进行战争，从而陷入财政困境。他们无权拒绝银行的提议，因为如果银行不向他们提供钱，他们从哪里得到钱？

于是，政府默许了。根据银行董事们之间的契约，中部、南部和西部各州同时或几乎同时中止了硬币兑付。

中止硬币兑付并没有延伸至新英格兰，那里的银行董事们并没有选择成为该计划的当事方，并没有选择以诚实和债权人为代价来致富和协助政府；那里的人民（绝大多数反对战争）也不屈服于如此毫无节制的要求。但是在新英格兰之南和之西，该国的每家银行都成为了这种欺诈行为的当事方。唯一的例外是纳什维尔银行，在如此不正之风中，该银行董事们坚定的诚实卓越非凡，值得称赞。

据说，中止硬币兑付只会在战争期间持续。五个月后迎来了和平，但是银行丝毫没有表示出任何希望重返诚实路线的愿望。在这种新的银行体系下，人们对这一领域不甚了解，被银行董事们似是而非的主张有意迷惑和误导，被表面的商业繁荣所欺骗，于是在这个问题上没有采取任何行动。至于政府，他们仍然陷在最深层次的财政拮据。财政部充斥着"不可兑换的"银行纸币。但他们遇到了最大的困难，无法满足东部各州大量的到期兑现需求，因为在那里的支付中，除硬币或与硬币等价的银行券之外任何东西都不会被接受。

因此，银行继续无拘无束，放飞自我；1815年和1816年会因骗子的喜庆和不兑付硬币银行的狂欢而被载入史册。除新英格兰之外的整个国家范围内，开设银行都不要求资本，所需要的只是一份特许状，而且有影响力的政治家很容易从盲目的党派信任或州立法机关利益相关的投票中获得特许状。肯塔基州通过一个法令就创建了一整批这样的银行，其他州也做了同样之事。

这些遍布全国的银行，立即开始将其银行券借给所有可以提供随便说得过去的担保的人。银行券的过量发行，很快就引发了贬值。贬值导致价格上涨，各种财产的表面价值突然上升，人们处于自己从未如此迅速致富的臆想中。商业和各种投机活动异常活跃，银行运营回报甚巨。

这一描述不适用于新英格兰地区，在那里没有人感受到这种"人为刺激"。实际上，该国的那部分地区遭受了特别的萧条。因为，对外贸易离开了波士顿和其他新英格兰港口（那里的关税被要求以硬币或与硬币等价的银行券支付），而集中在巴尔的摩和其他南部城市（那里用以支付关税的通货，贬值了25%以上）。因此，作为这种公共欺诈的一个后果，新英格兰人因诚实而受到惩罚；最大程度地骗取资金和通货发生最大贬值的那些地方，获得了对其恶行的奖励，即垄断对外贸易。

第十五章　第二合众国银行

——硬币兑付的恢复

正是在这种情况下,第二合众国银行诞生了。如果需要证明政治家们的前后矛盾,这是一个显著的证明,这家银行正是由那些在五六年前竭尽全力阻止美国第一个国家银行重获特许权的人建立和维持的。新银行的资本为 3,500 万美元,其特许状在所有重要细节上均与其"前任"的特许状一致。

所谓成立该银行的理由主要有两个。首先,经验证明了这样一个机构对方便管理公共财政是必要的。其次,国家银行是确保恢复硬币兑付的一种手段,也是唯一的手段。

这两个原因都完全缺乏依据。

1. 经验没有证明这样一个机构对方便管理公共财政是必要的。从第一合众国银行关闭到 1813 年,在财务管理方面都没有遇到困难;后来遭遇的困难来自于这一简单的事实,即政府花费资金的速度大大超过了他们能够收取或借用资金的速度,这无疑使所有公共和私人财政都陷入窘迫。

2. 只要国会认为合适,就有一种可靠和简单的手段来强迫恢复硬币兑付。只需通过一项决议,支付公共税款时只接受硬币或者兑现硬币银行的银行券,而不接受其他任何形式的支付。这项决议获得通过，并在第二合众国银行开始其常规运营前几天生效；正是这个决议，并且仅仅是该决议，强迫恢复硬币兑付。

但不能否认的是，政府从第二合众国银行的建立中获得了几个相当大的好处。

第一是红利，在那时这是对国库的十分方便的援助。第二，该银行四分之三的私人认购以政府公债支付，由此创造了需求，带动公债升至票面价值。自从战争开始以来，还没有这样的情况。第三，银行因此成为 2,200 万美元公共债务的所有者，董事们同意接受充斥国库的不兑付硬币银行的银行券，用来兑现 1,300 万美元的这些公债，而其他公债持有人却不同意接受。这是对财政的极大帮助和缓解。

第十六章　1818—1819年恐慌

尽管新的国家银行从一开始就是一家兑付硬币银行，但其认购人自欺欺人地抱有不切实际的期望，希望其效益等于或超过不兑付硬币银行最近在全国范围内的表现。公众同样抱有这种幻想，股价迅速上涨。董事们进口了大量的硬币，付出沉重的代价。他们自信地依靠这笔财富和公众的青睐，于1817年春季在获得众多支持的最有利局面下开业了。

政府决心不接受除了硬币和兑付硬币银行的银行券之外的任何东西进入国库，这使不兑付硬币银行处于二选一的境地，要么放弃业务，要么恢复硬币兑付。主要城市中拥有雄厚资金的银行通过拒绝贷款从而收回流通中的银行券的方式，闷闷不乐地为重归诚实做准备。银行贷款的突然减少原本会造成压力，此时很大程度上被防止住了，因为通过慷慨的金融服务，合众国银行向所有申请者提供贷款。在年底之前，包括向政府提供的贷款，合众国银行的贷款总计达6,300万美元，其流通量约为3,000万美元。该行的股票上涨了50%。

至于那些没有资本的银行，包括大多数西部银行和许多南部银行，其成立仅仅是为了借出永不兑付的银行券，它们不愿放弃享有的好处，它们尝试像以前一样继续运营。但是，一旦兑付硬币成为惯例，人们便能够感知并明白在他们自己身上实施过的恶劣欺诈行为，他们拒绝接受不兑付硬币银行的银行券。由于这些银行没有其他可以出借的，它们的业务、红利和贷款都突然停止了。

从平均贬值约 25% 的通货回归到与票面价值相等，很快就产生了自然而必要的效果，价格突然下跌。曾经被令人产生错觉的、华而不实的繁荣蒙蔽的双眼，现在睁开看到了不被欢迎的现实。1818 年年初，新英格兰之南和之西的整个这部分国家似乎处在进取繁荣的最高境界；在那年年底之前，它呈现出普遍破产、恐怖、混乱和沮丧的景象。

通货恢复至票面价值时，以贬值货币签订的债务保持不变的名义金额，也就是说，它们以相同的比例相对增加。但是，用于偿还这些债务的财产（签订债务时以这些财产的价值为依据）贬值了百分之好几百。因为，由于人们的恐慌、新体系造成的银行资金融通的大幅减少，以及由此导致的各种商业和投机活动的停止，通货升值导致的物价下跌加重了十倍。

这种商业的突然停止产生的必然后果就是，对流通媒介的需求极大减少。现在已经恢复了硬币兑付的银行发现，它们的银行券回流的速度之快非常令人沮丧和头痛。此外，合众国银行的银行券开始以比发行它们更快的速度回到银行。董事们立即采取了相同情形下所有银行普遍必须采取的严厉措施，即拒绝一切资金融通。在七八个月内，向个体借款人提供的贷款减少了 1,200 万美元以上，通过这种方式，这一数量的流通中的银行券被收回。但挤兑仍在继续，硬币存量大大减少。1819 年 2 月 19 日，董事们开始担忧银行可能倒闭。但是，通过在欧洲出售政府公债，并不惜巨大损失进口

第十六章 1818—1819年恐慌

硬币,他们得以渡过难关。5月份之后,该银行被认为脱离了危险。

但是,像在这种情况下总是发生的那样,该银行是因为人们的破产而得救。贷款的突然收缩总体上增加了压力和惊慌;破产的私人名单简直没完没了;贸易商、农民和制造商都同蹈此难。财政部长克劳福德先生[1]在1819年年底说:"蔓延整个美国的苦难程度如此之深、范围如此之广,几乎前所未有。"

在这一年中,所有西部银行以及南部和中部各州的许多银行都破产了。合众国银行被指责造成了这些银行的破产。这种归咎是荒谬的错误。那些从来不知道履行哪怕一项义务或偿还哪怕一项债务的银行破产,这意味着什么?这些银行的管理者并不比骗子更好。除了公众的轻信,这些银行从来没有任何资本。一旦恢复兑付硬币,公众便可以意识到它们的银行券一无是处,它们便走投无路,然后欺骗就此结束。

可以观察到,新英格兰没有参加这场"舞会",所以没有义务付钱给"提琴手"。那里的生意萧条,因为普遍的和平已经毁了运输业;因为制造商不再享有禁运、不通商、战争和双倍关税赋予他们的垄断地位,也因为他们失去了总体政府这一战争主顾;农民再也无法获得高价了,高价主要是因为他们受益于英国的封锁。此外,其他州所遭受的巨大金钱损失和商业窘迫,新英格兰不能不感同身受。由于所有这些原因,那里生意萧条;但是,像那种席卷兄弟州的财产彻底倾覆,在这里完全没有发生过。

---

[1] William H. Crawford,于1816年麦迪逊总统当政末期,以及1817—1825年门罗总统当政期间担任财政部长。——译者

正是在西部，特别是肯塔基州，人民对银行问题的无知使银行的欺诈行为如虎添翼，上述财产倾覆及其影响最为明显。大多数有影响力的人物和领导政治家都发现自己破产了，受到其破产人数和其影响力的激励，他们决心不偿还债务，仍保留在法律和司法上属于其债权人的财产。他们在立法机关中占上风，制定了限损法、救济法、法定货币法；当上诉法院宣布这些法律违宪时，制定了这些法律的大胆的破产者，决定推翻该法院，并用一个更顺从的法院来代替。相应地，他们通过了一项罢免旧法院并设立新上诉法院的法律。但是旧法院宣布该法律违反宪法；两个独立的上诉法院争夺该州的最高司法权；整个社会分裂为两个激烈的、充满仇恨的政党，在一段时间内，它们似乎正处于内战的边缘。这个争议的故事本该写得很长，它提供了我们历史上最有趣、当然也是最有启发性的部分之一。仅提及这些就够了：为忠实履行合同而奋斗的政党终于占了上风，这是一个光荣的结果，是该州的很高荣耀，也是对受欢迎制度的支持者的最大安慰。

1818—1819年的崩盘并不是完全由贬值通货恢复到面值而引发的。从1793年到1815年的欧洲战争为中部和南部各州的农产品，尤其是面包原料和食品（这是美国的主要财富）打开了一个稳定而有利可图的市场。全面和平关闭了这个市场。每个欧洲国家都有了自己的食品供应，并禁止了美国的供应。1817年军队解散，与英国开战产生的本国政府的需求随之停止。英国制造商的困境使他们被迫以能获得的任何价格出售商品，外国商品的流入对国内制造业是毁灭性的。运输业的损失前已述及。

且不说任何的通货紊乱，上述原因都将导致价格大幅下跌，使

第十六章 1818—1819年恐慌

商业陷入窘境,同时带来大量企业倒闭。到1821年,通货恢复到良好状态,之前变化带来的影响已经结束。但以上列举的不景气的原因仍在继续起作用;由于自身的性质,它们只能逐渐产生全部效果,所以持续了一段时间,从而导致了价格的持续下跌。

这是当时的实务人士从未经历过的情形。他们一直习惯于高价;因此他们得出结论认为,高价是自然的,现在经历的下跌是反常的,是偶然的和暂时的原因造成的;并且这种反常状态将立即让位于他们认为的事物的自然状态。他们在这个想法下继续做生意;但是随着价格的持续下跌,他们的生意失败了;或早或迟地用尽了他们的资本。不断地,我们所有的大型商业城镇都发生了众多破产情况。这在1825年尤其严重,当时英国投机以及发生在英格兰的市场崩溃的影响蔓延到这个国家,波及大量从事对外贸易的商家。

同时,主要通过肯塔基州一位"理论家"的努力和影响,国会制定了保护性关税。在这一过程中,新英格兰的实务人士想方设法反对这种措施;波士顿派其最有才干的人参加国会,以抵制该法律的制定。但是该法一旦被通过成为法律,并通过其运作说服了实务人士,为工业开辟了新渠道,为资本提供了有利可图的投资,他们就突然间令人惊讶地转变了。他们立刻从对关税充满仇恨的敌人,变为它的极端赞颂者和仰慕者;同样是这批无法阻止其制定的能人,准备致力于巩固它并扩大它的适用范围。

在新英格兰涌现出了对工厂的无比狂热,所有将就能拼凑几百美元的人都赶紧把它们投资为工厂股份。这些工厂生产的商品种类并不多,业务是新的,市场是有限的。对制造业的狂热很快导致市场供过于求。价格下跌,工厂股票下跌,大量制造商破产,尤其是那些资本金很少并且无法承受生意上些微干扰的制造商。几乎每个人都与制造商建立了某种联系,几乎每个人都感受到了打击的影响。自1818—1819年的恐慌以来,整个新英格兰这次的惊慌、困苦和经济窘迫程度比任何时候都要大,甚至很可能比1818—1819年恐慌还大。但是这种压力是地方性的,很大程度上仅限于新英格兰。这也是偶然和暂时的,因为一旦国内产品供过于求结束,价格恢复,工厂财产恢复价值,一切都会比以前更加繁荣。

第十七章　美国银行续史

合众国银行股票的下跌与曾经的上涨一样快,很快下跌得远低于其票面价值。该行遭受了非常严重的损失,业务大大减少;流通量严重收缩,以至于在1823年年初,流通量仅有450万美元多点。

这绝不能满足股东和董事的愿望,无法实现他们的期望。设计一些增加流通量的方法被认为是有益的;董事们向国会申请修改特许状,以便获得在除费城外的地区赎回银行券的赦免。如果该申请获批,那么无疑会产生期望的效果。分散于该国遥远地区的银行券仍可以返回到母行,不过速度很慢;免除分支机构保留硬币的必要性,将使其比本地银行具有决定性的优势,后者的银行券会被它不断返回,以便为它自己的银行券腾出空间。由于与费城有些距离,在当时的贸易状况下,这些银行券就会出现贬值,相当于从费城带来硬币的费用。这样一种情况会让它们能够使当地银行的银行券退出流通,[①] 但这就不会有产生统一通货的大趋势,正如我们不久前被告知的一样,统一的货币是该银行成立的主要目标之一。但是国

[①] 在费城之外的地方,由于合众国银行可以迅速把当地银行的银行券兑现为硬币,而当地银行只有去费城才能兑现合众国银行的银行券,市面上主要是合众国银行的银行券,所以在当地合众国银行的银行券就驱逐了当地银行的银行券,这也是"劣币驱逐良币"的一种情况(前提是合众国银行的银行券在当地也是法定货币)。——译者

会没有同意,这个计划失败了。

尽管美国的商业仍然窘迫,随着人口增加而有规律地增加的国内贸易却迅速产生了一种新的重要商业分支,之前几乎没有什么重要性。这就是国内的外币兑换业务。

维持其分支机构,以及在该国不同地点满足政府汇票支付需求的必要性,首先促使合众国银行开展了这项业务。由于它极大便利了这种交易,因此很长一段时间里,它对此享有完全的垄断。合众国银行以非常合理的汇率进行这种汇兑,自那以后各种各样的实务人士便开始认为,由于该行垄断了该业务,而且汇率适中,因此,垄断是汇率适中的原因。其实根本不是这样。最初,这种外币兑换业务非常有限,该行非常希望扩大其业务;它发现外币兑换业务既方便又有利可图,为了独占所有,让其他人远离它,它收取了非常适度的汇率。碰巧的是,银行的流动资本也随着这项业务的增加而增加;因为银行拥有的公债不断被偿还,投资于上升期的外币兑换业务是利用这种新资本的最有利方式。但是这一过程于1832年结束了,那时所有的公债都被还清了,银行的资本完全流动起来,其业务范围扩展到了最大极限。国内的外币兑换业务持续增长。在最近的两三年内,这种增长确实令人惊讶。尽管此后有几家银行和私人公司开展了该业务,但投入资本的增加完全跟不上业务扩展的步伐。因此,外汇价格大幅上涨。不过,这一问题将在以后章节做更全面的说明。

对于合众国银行来说幸运的是,西部地区的人们在银行业务中的灾难性经历,引导他们不断拒绝为地方银行授予特许权。结果,合众国银行在这些州几乎垄断了货币流通,而且流通量随着人口和

第十七章 美国银行续史

商业的增长而迅速增加。在中南部各州，相同的银行恐慌现象盛行了一段时间，但逐渐被平息；不久，有影响力的政治家开始获得特许状。

这是纽约保险基金系统的时代；鉴于人们对此议论纷纷，这里解释一下为好。为了在某种程度上保护人民免受银行倒闭的影响，所有纽约特许设立或更新特许状的银行都有义务遵守某些规则；它们需向保险基金交款，如果其中任何一家银行倒闭，它们的银行券将可由该基金偿付。此外，还有其他一些要求。

这个计划可以令人们高兴并平静下来，但它并没有触及邪恶的根源。它有明显的弊端，即因欺诈者的罪过而向诚实者征税。

在新英格兰，银行特权的垄断一直是最不彻底的，银行一直以来都得到最好的管理。自一建立，这些银行就始终如一地稳步增长；尽管它们受到了所有现存银行最激烈和最严厉的反对，也是如此。

1830年年初，美国的银行数量突破了230家，银行资本总额达到了1.25亿美元。在这些银行中，仅在新英格兰成立的就有170家，资本为3,600万美元。

我们现在已经进入了美国商业史的新纪元。从1831年开始到现在的六年中，美国的对外贸易翻了一番；国内贸易增长了一倍多；银行资本、银行业务和国内汇兑业务增加了一倍以上；价格在许多情况下已经翻了一番，总体上已经大大上涨了；自从1807年禁运之前的商业繁荣时期以来，货币的利息随着价格的上涨而上升，直到超过美国所知的任何事物。

币值之高导致了货币市场的巨大压力，这被许多实务人士误认为是商业危机——他们的经历不超出到目前为止的1818—1819年恐慌。在这个国家最繁荣之时，他们却一直为这个国家的破产叹息。他们一直习惯于低价，将低价视为自然的价格；认为当前的价格上涨必然是反常的，它肯定源于"投机""银行券的过量发行""过度交易"，或其他一些言辞借口——这些借口被实务人士用来解释他们不了解的事情。但是这些找寻借口者最困惑的是，有一个奇怪且无法解释的事实，即：尽管货币如此硬通，但价格仍然继续上涨。这与他们的所有经验相矛盾。他们惴惴不安地等候着这种奇怪现象的最终发展。

为了平息他们的忧虑，请允许我评论一下，货币市场的压力，即借钱的困难和为此付出高昂的价格，是由两种截然不同甚至几乎完全相反的原因造成的。

原因之一是商业上的不信任，这源于无利可图的商业。这样的生意不可能长期经营下去，否则必然耗尽投入的资本。最后，破产开始了。每个人都知道所有人都在赔钱，当然，每个人都害怕其他人，不愿意信任，也不愿意贷款。这种状况使商业停顿，压低了价格；货币的实际利率实际上比以往任何时候都低，但是，那些想借钱的人，由于存在无力偿还的风险，必须支付非常高的额外费用。寻找到愿意贷出资金者并不容易，所以有必要提供高价来引诱他们。1818—1819年，这种压力席卷了美国；1825年，所有商业城市都经历了类似的压力；1828—1829年，整个新英格兰发生了类似的压力。这是当前大部分实务人士到最近为止所知的唯一一种压力，当然他们的经验是其认知的极限——他们料想这是唯一的压力。

但是，还有另一种完全不同的压力。它是由资本的稀缺以及由此而导致的获取资本就必然要支付高价所催生的。由于商业繁荣产生了对资本的需求,当然导致资本变得稀缺。这种压力由商业繁荣产生;因此,它必定总是伴随着高昂且不断上涨的价格,它也总是可以由这一标准识别出来。从1793—1803年的整个期间,货币市场的这种压力弥漫着整个美国。过去五年中,这类压力又逐渐显现,在此刻整个国家都可以感受到。

第十八章　对第二合众国银行重新授权的争议；1833—1834年恐慌

过去六年，美国一直在繁荣的快车道上飞奔，但是，从1833年年末到1834年年初，这种前进突然停了下来，出现了某种倒退情况。这个事件通常被称为1833—1834年恐慌。

这段恐慌的历史既令人好奇、具有启示性，又引人入胜，迄今为止只受到了热衷于争斗的政治党派人士的探讨，然而他们的文字只为达到一定的政治效果，完全不顾科学或真理。不过，现在应该允许普通的诚实和常识在这个话题上发声了。

让第二合众国银行得到特许状的那个政党的继任者——至少是自称的继任者（因为在政治教派中一直存在着各式各样的分裂）——直到1829年仍然执政。在此期间，政府与该银行之间有着最完美的融洽和理解。

但是，现在发生了一个事件，与发生在第一合众国银行身上的事件相同。同样的事件很容易且基本上肯定会发生，只要被视为或可以被视为国家机构或公共机构的一家银行，以任何方式与党派政治联系在一起。国家行政当局发生了变化，这个变化没有扩展到该银行；执政的政府是一个党派，而控制该银行的是另一个党派。

对于合众国银行而言不幸的是，其特许状即将到期。拥有特许

第十八章　对第二合众国银行重新授权的争议；1833—1834年恐慌

状实际上是一种特权，这一点各方都认同。可以说，如果一个人不知道，一个占统治地位的政党会将政府有权授予的所有特权，视为政治胜利的合法奖品的一部分，实际上，视为他们的唯一财产，那么他肯定毫不熟悉政治历史。无须试图刺探总统顾问团和政党尚未形成的机密，我就可以大胆地断言，总统的咨文和其他公共文件包含的证据足以使任何公正之士明白，主导党派的领导人早就决定拒绝给第二合众国银行重新授权，这不是因为他们理论上反对国家银行，而是为了在建立新银行后可以在他们的朋友和党羽之间分享股份。

在这样的方案中，我没有发现任何犯罪痕迹。我们所有立法机关的实践无一例外地、最大程度地使其合法化。立法机关一直习惯于将银行特许状的授予范围限制在主导政党的有影响力的人身上；这或多或少受到我们所有城市中无数资本家的鼓励，他们没有第二合众国银行的股份，但希望在新银行中分得一些股份；不过，当同样是这些人中的许多人发现无法获得一家新银行时，他们认为合适的选择是，站出来做他们原本密谋破坏的那个机构的最坚定的拥护者。

第一合众国银行早就预料到了等待它的命运。它几乎不认真努力去获得一份重新授权，以绝望的冷漠向命运屈服。第二合众国银行不是这样的，它对自己的财富、影响力、受欢迎程度以及吸引的人才的力量充满了信心，它敢于挑战敌人，并在战场上与他们对抗。

第二合众国银行之所以自认有望成功，有很多原因。近几年来，它有卓越的管理能力，在整个商业圈中树立了良好的信誉。它为国家西部提供了健全而稳定的通货,还使自己赢得了许多通常最敌视银行的人的好感。它的业务范围如此之广,以致大量依赖它来贷款的人,无论是出于利益还是出于感情都支持它。"调控"通货、经济发展以及成功进行国内汇兑业务,合众国银行对此大肆居功自夸。实际上,它已经博得各界人士交口赞誉。人们无可辩驳地主张:如果有必要建立一个国家银行(当时似乎各方对此达成共识),那么相比于仅仅为了股份的重新分配而建立一个新银行,将那个已经经过考验和证明的旧银行延续下去要好得多。

基于这些力量及其他原因,并在其国会朋友和拥护者(更不用说其有偿的拥护者)的帮助下,第二合众国银行成功地使一个法案获得了两院的通过,该法案以非常优惠的条件延长了其特许状。但是那个法案因总统否决而未能施行。由于授权延期的反对者仍然决心拥有自己的银行,否决是基于以下借口,即银行特许状还有四年的有效期,现在就决定是否延期为时过早。

现在,再清楚不过的是,不是第二合众国银行必须压倒行政当局,就是行政当局压倒银行。选举马上开锣,两党都在迎合人民。

第二合众国银行已经公平地进入了政治舞台,决心不遗余力地争取胜利。通过优惠条件贷款或以支付版面费形式行贿,它获得了该国顶流编辑的服务和友善。《北美评论》收了钱;《美国季刊》已揽入麾下,或成为志愿者。银行的首席顾问在全国做了演说并举行政治会议;银行印制并分发了大量小册子为自己辩护,并向行政当局发起攻击。

另一方的行政当局也不甘落后。领导人看到要使人民相信这一点是多么困难:如果需要一家银行,旧银行总是不如新银行那么

第十八章　对第二合众国银行重新授权的争议；1833—1834年恐慌

好。满怀沉重的心情，他们放弃了为自己获得一家银行的想法。但是，尽管他们不得不放弃对胜利成果的全部希望，他们仍然为生存和报仇而不遗余力地战斗。他们退后一步，坚定地支持旧的宪法论据，这一论据是反对第一家国家银行的主要理由。其中一些人开始谴责所有银行并不比臭名昭著的欺诈更好，并作为黄金通货的热情拥护者出现了；其他人则主要将责难对象限制为国家银行，他们宣称国家银行是"猛犸""怪兽"，随时准备侵吞人民的资产、毁灭人民的自由。不满足于这些一般指控（必须承认其噪音多于实质），一种破坏第二合众国银行信誉的恶意倾向也出现了。它的偿付能力被宣布为可疑的，关于这个问题的最具毁谤性的报道四处传播；有人做出了一些愚蠢的尝试来中断该银行边远地区分支机构的运作。

双方开战了，同样地同仇敌忾，同样地蔑视世俗道德原则。但是胜利，或者说表面上的胜利，仍然属于政府。实际上，可谓两败俱伤。在为银行的专有特权而奋斗的同时，这些专有特权也被废除了。这为自由竞争开辟了一个空间，这个国家才是胜利者。

在这场政治争论过程中，双方的情绪都被激发出来。胜利方的领导人愤怒地发誓，第二合众国银行在其剩余存续期内，不应享有特权，也不得谋取任何利益，而他们有权力来剥夺它。因此有了1833年夏天的"移出公共存款"。

尽管有各种相反的说法，总统的行为显然是合法的。如果我们想到银行特许状的有效期不到三年，并且有必要及时地安排一些其他体系来保存和支付公共资金，我们将倾向于认为，闹得沸沸扬扬的"移出公共存款"不仅是一种惩罚行为，也是一种审慎行为。

但是，似乎第二合众国银行并没有料到此举，它非常惊慌，那种惊慌也不是没有道理的。在过去三年中,该银行的业务得到了极大的扩展,其流通量和贷款也大大增加了。此后,银行被指控仅出于政治影响和收买朋友的目的而提供贷款。或许,政治家出于政治原因考虑每件事都是正常的;但是,同样正确的是,全球范围内所有政客的共同努力并不能使一张不被社会商业需要所要求的银行券一直流通。那些考虑到在上述期间内商业迅速增长的人,会理解银行发放贷款的真正原因。该国对流通媒介的需求不断增加,使其得以让更多银行券流通。

移出存款这个方法对第二合众国银行的金融手段产生了意想不到的严重损害,加之已知和尖刻的政府敌意,第二合众国银行非常担心发生挤兑,并惧怕其后果。为最坏的情况做准备,它立即采取了通常但残酷的应急手段,即立即削减贷款。商业的发展创造了对资本的旺盛需求。货币已经开始紧张了,此时银行突然撤销资金融通,产生了一种突然的压力。这个压力产生了一定程度的惊慌,因为现在这代商人所经历的所有压力,不过是那种由不健全的商业状况引起的,而压力也表明了这种不健全的状况。

国家银行缩减了贷款,随后地方银行也开始缩减。在该国的某些地方,这样的缩减是必要的,这些地方银行享有地方垄断,具有非常广泛的流通。对某些这种银行,这是非常必要的,因为它们有理由惧怕国家银行的敌意。但是,在该国某些地区(尤其是在新英格兰),缩减的发生,或者至少缩减的加剧,与其说是出于任何实际需要,不如说是出于屈服和顺从的精神,这种精神使当地银行长期被训练和教导遵循这些动议,听从"舰队上将阁下"的指挥。

压力增加了。第二合众国银行宣布,压力完全是由撤走存款造

第十八章 对第二合众国银行重新授权的争议；1833—1834年恐慌

成的；这项措施成为了商人们强烈抗议的对象。反对行政当局的勇气激增，银行领导层举行了理事会会议，决心利用公众当前的激奋状态，向敌人发起孤注一掷的进攻。

第二合众国银行的旗子再次飘扬在空中，一支从四面八方召集而来的勇敢队伍，大声疾呼救亡图存。为了加强几无成功希望所带来的勇气和热情，形成孤注一掷的气氛，银行判断有必要通过各种可能的手段加剧恐慌和困顿。召集公众集会，发表演讲，通过决议，报纸上洋溢着最激动人心和煽动性的声音，星期天和工作日都是这样。长长的破产名单刺激着人们的眼球；人们谈论着关于利率的最可怕的传说；甚至最大胆的人都或多或少惊慌起来。这种惊慌产生了自然的影响：价格下跌，商业停顿。只要国会继续开会，这些问题就一直存在。但是事实证明，对于攻击者的狂轰滥炸，杰克逊总统的坚定或固执，及其政治支持者的坚定不移是绰绰有余。尽管有几名高级指挥官和若干普通士兵当了逃兵，总统还是取得了胜利；在勇气和指挥作战方面，这次胜利与其在新奥尔良的胜利（他日后的升迁即受惠于此）同样出色。

国会休会，但没有给予任何"救济"，某些报纸曾建议人们用武力去迫使国会给予"救济"！从休会的那一刻起，恐慌就结束了，商业迅速恢复了以前的活力。确实，有人竭尽全力维持惊慌，这一直持续到秋季选举结束，但是那一次经历的显著失败使第二合众国银行派完全覆灭和星散。

但是与此同时，宾夕法尼亚州发生了意外的政治革命。第二合众国银行因失败而降低身段，同意放弃僭取的专有特权，希望延长其作为州立机构的存在。它以非常高的价格从宾夕法尼亚州立法机关购买了一份特许状，总计将近600万美元。

作为州立银行，它完全没有那些专有特权——使其成为招人反对的国家银行的特权。美国的产业非常需要它有权授予的资金融通。它与任何其他州立银行立于完全同样的基础；那些由知识和理性支配判断的人，希望它能平安摆脱敌人的猛烈攻击。它的敌人既包括那些受到恶意偏激的政治仇恨影响的人，那些希望在针对它的恐惧和讨伐运动的帮助下获得职位和荣誉的人，还包括那些更大多数因为接收错误信息而误入歧途的人，他们的无知和偏见成为了其他人激情和利益的掩护。对于那些其作为国王时为我们所厌恶之人，当其作为一个普通公民时，我们应该欢迎并保护他。

第十九章　美国工业和贸易现状

1833—1834年恐慌只是一次偶然的、暂时的中断,是由政治进程而非贸易进程引起的,商业目前已恢复生机,正蓬勃发展。过去两年的商业扩张令人惊讶。新的企业进取精神似乎已经渗透到了全国除南部某些州以外的每个角落。每个村庄都感受到了这种精神,在此期间,一座座相当规模的城市简直完全是拔地而起。新的运河、铁路的修建和其他各项事业蓬勃进行。自宪法通过以来,政府近两年出售的公共土地比所有其他年份的总和还多,这些土地被大片大片地迅速开发。无知和粗心之人无疑陷入某些狂热的、不切实际的投机之中。但是,大部分新业务似乎具有坚实牢靠的性质,最终肯定可以证明为有利可图,即使对发起者而言并非如此,至少对那些后继者而言是这样的。

要了解这一事态的原因和起源,有必要抚今追昔。

自联邦宪法通过以来,美国的商业历史可以分为四个时期。1792—1808年,该国的商业和农业受到欧洲战争的人为刺激,商人和农民的利润都非常可观。1808—1818年,对外贸易受到极大阻碍并发生缩减,但禁运、不通商、战争和双倍关税等因素造成的对国内产品的人为刺激,以及由此产生的国内农产品市场,很大程度上对此做了弥补;此外,政府在战争中花费了一亿多美元;这一时期结束时，通货贬值产生了虚妄的兴奋、表面上的繁荣。1819—1831年是一个比较死气沉沉的时期，在此期间，美国和整个贸易世界逐渐使自己适应了普遍和平带来的巨大变化，也并非没有由于商人心有不甘而产生的一些偶尔的痉挛。但是这整段时间里，欧洲和美国的人口都逐渐增加了消费，需求随之增加。1831年，这种增加的影响开始清楚地在国内外显现出来。从那时起，我们可以认为美国商业的历史进入了一个新时代。

不应认为商业发展会继续过去六年那样的显著快速进程。在上述期间，大量外国资本流入我国。从进口、出口的比较来看，从国外获得的资本粗略估计可达一亿多美元。对欧洲而言，资本这样的稳定流失，加上整个欧洲的商业发展，提高了欧洲的利率。而欧洲利率的上升将使这种对美资本输出的趋势中止，否则英格兰银行将徒劳地试图阻止。

但是，尽管进展不会那么快，商业仍会继续发展。除非再次爆发荼毒大地的战争，使人类变得野蛮，当代科学和工业积累的巨大财富和安逸的生活方式，将会是迄今为止闻所未闻的。

第二十章　欧洲大陆的银行

劳先生的皇家银行崩溃之后,只要旧政权继续存在,建立国家银行体系的构想在法国就不会受到青睐。人民对政府没有信心,他们对作为政府合作伙伴的机构也没有任何信心。

但是有几家私人银行公司在巴黎成立了,模仿英国的私人银行发行银行券。

这样的银行主要有三家:the Caisse d'Escompte、the Comptoir 和 the Factorerie。[①] 还有几个按照相同原则建立的规模稍小的公司。

与小型银行一样,大型银行也受到嫉妒的驱使,还渴望自身获得垄断,这在英国和美国的银行史上都是显而易见的。正是主要由于这种想法,法兰西银行才得以成立。根据法兰西第一共和国12年(1804年)芽月(Germinal)24日的法律,上述三家私人银行合并为法兰西银行,被授予发行银行券作为流通货币的专有特权。但是,只有向政府让渡银行管理的很大份额,才能换取这种专有特权。

该银行的原始资本是4,500万法郎,或900多万美元,但在1807年,其资本翻了一番。此后不久,它获得了建立省级分支机构

---

① 这三家银行的名称直译分别为"贴现现金""银行(商行)"和"设在国外的代理商行或办事处"。——译者

的特权。

该银行受法国政府所聘，收取公共收入和管理公共债务。它以英格兰银行为蓝本，但与之不同的是它的独立性小得多。在某种意义上，可以说英国政府在英格兰银行的控制之下，然而法兰西银行完全受法国政府的控制。其特许状于1844年到期。

在维也纳和圣彼得堡，也建立了基于同样原则的银行。

只是从1815年和平以来，整个商业和生产行业才开始在欧洲大陆受到适当的重视。不论1830年的法国革命可能被狂热的民权拥护者如何低估，这都是从封建偏见和无知迈向现代思想的重要一步。自从这一事件以来，法国的商业和制造业被提高到人文学科的层级，正是在从事这种工作的人中间，挖掘发现了法国的统治者和立法者。

银行可以带来的巨大好处，以及它们可能给商业带来的便利，已经被英国和美国的经验不完全地展现了。在本书的以下部分，将对它们进行理论上的解释。此部分将揭示，银行所带来的弊端源于错误的银行理论；而且，产生这些弊端的相同错误理论，其适用会同时大大削弱银行券流通带来的好处。

目前，法国人民在政治经济学问题上正在动用所有的睿智。他们不满足于将贸易变成一门人文学科，而是寻求将其提升到科学的地位，具有尊严和确定性。建立在银行业的自由竞争之上，银行券的流通会获得好处，我大胆预测，这一好处将不会长期远离法国人民。

第二部分

银行业自由竞争的好处和必要性之证明

引 言

关于银行业的运作，需要探究两个极其关键和重要的问题。

第一，哪种银行体系对公众最有利？

第二，如何使银行对股东最有利可图？

其中第二个问题已经过彻底研究，大部分银行董事对此都完全理解。主流银行理论只考虑到这个问题。该理论建立在英格兰银行的经验和实践基础之上，是整个美国银行业务的唯一指南。

两个问题中无疑更重要的是第一个，至今几乎没有被视为值得关注的问题。银行董事们只关注自身，公众利益很少被虑及。

我将首先介绍"公认的银行理论"的梗概，以及它容易遭受的主要反对意见。接下来，我将阐述一个"新的银行理论"，该理论主要着眼于公共利益。最后，我将以对国家银行的一些评论结束。

第一章 公认的银行理论

首先要获得特许状。公认最佳的是来自总体政府的特许状,包含专有特权,以及禁止授予任何其他银行的条款。但是这样的特许状是很难得到的极品。

次佳的是州立银行,州政府占有其中一部分股份,并在可能的情况下规定禁止在州内设立其他任何银行。但是,如果这样的银行并不可得,仅仅得到没有任何专有特权的特许状,也就谢天谢地了。

但是,非常可取的是,在建立新银行的县、市、镇或村庄中,不应该允许再设任何其他银行。所有现存的银行在任何场合都应团结起来,严肃地抗议设立任何新银行,用一个声音来声明,小银行(它们可能会夸张地被贬为"小剃头挑子")的增加对通货来说是毁灭性的,会导致贸易波动,产生货币稀缺,等等,不一而足。

为了获得特许状,有必要与相关立法机关保持良好关系。对顽固的反对者,可以许诺其一定数量的股份,让其闭嘴;如果反对者非常顽固,则有必要让其不付款而持有股份。

事情准备得当,将一份请愿书呈送给立法机关,表明在本镇,公共利益要求设立一家银行。为了证明这一点,请愿书应附有商店、制造商和船运公司等尽可能长的名单,并且请愿书应以强调本

第一章　公认的银行理论

地日益繁荣的商业和日益增长的重要性结束。仅仅基于公共理由提出设立银行的请求，而非基于悄悄诉说请愿者期望由此产生的利益。

如果请愿书被冷淡地接受，那么修改私人持股人名单，并添加几名立法者的名字可能是个不错的选择。

如果该银行仍然遇到障碍，那么一个很好的计划就是，与申请其他银行的朋友和拥护者形成一个联合体，并通过通常以滚木法的名称而闻名的巧妙计谋来连续推动整个过程。

如果没有更好的办法，就请某位有影响力的政治家为你获得一份特许状，然后高价收买他。

现在让我们假设已经获得了特许状，并以硬币或兑付硬币的银行券正当支付了资本，例如 100 万美元的资本。

问题：拥有 100 万美元的资本，银行如何才能够贷出 200 万美元或更多，从而获得 12% 或 15% 的红利？

解决方案：发行 100 万美元或更多的银行券进入流通。然后，银行可以借出 100 万美元的铸币或其他银行的银行券，以及 100 万美元或以上的自己的银行券。为了兑换提交回来的银行券，有必要保留一定数量的硬币。但这种硬币的利息对银行来说是白白的纯粹损失，因此保留的硬币越少越好。

请注意，很明显的是，存在的银行越少，每个现有银行能够流通的银行券的数量就越多。正如我在本书第一部分中所解释的那样，所有银行的总流通量受到该国所需流通媒介的限制。假设美国的总流通量为 2 亿美元，国家银行的资本为 1,000 万美元，而该国不允许有其他银行。这一家银行可以借出和流通 2 亿美元的银行券,再假设它保留甚至多达5,000万美元的硬币,但它仍然可以得到100%的红利。多么诱人的生意!如果另一家银行被特许,则可能会平分流通量,并使第一家银行的利润减少近一半。第三家银行会减少前两家的利润,第四家、第五家……会依次这样下去。根据我现在正在阐释的理论原则,这种陈述使得以下事实非常清楚:所有现存的银行以一切方式和手段反对任何新银行的创建,是一项多么神圣的义务!因为,新银行只是渴望分享并且一定会减少银行业利润的竞争对手。

现在,假设我们的银行处于"成功试验的高潮"。贷款,200万;流通量,100万;存款,20万;硬币,10万;红利,10%;股票,比面值高出50%。

在这种情况下,货币开始变得越来越难以贷到。商业可能已经失去了利润,信心被动摇;农业收成也不好,或某些特别的生产部门倒闭了;战争或禁运可能会中断业务并阻碍商业往来;也许某个银行或政党为了自身目的认为制造恐慌是有利的;或仅仅出现某种偶然的、短暂的硬币需求及出口需求。由于不断发生的各种原因,我们的银行券回流进来,被要求兑付为硬币,诸如挤兑之类的事情开始了,或者说威胁要开始。董事们惊慌地会面。该采取什么行动?情况很明显。必须始终拒绝所有贴现;不得重新发行已流回银行的我们自己的银行券;必须将收到的其他银行的银行券尽快脱手,收回硬币,以便我们有必要的资金来补充空空的金库。我们的流通量必须根据情况减少十分之一、四分之一、三分之一、一半,而这只能通过仍然拒绝所有贴现来实现。如果挤兑持续存在,我们必须继续拒绝贴现,直到我们的流通量几乎减少到零为止。达到这一点，银行才脱离危险。

现在让我们来看一下该操作对银行客户的影响。A、B、C、D等人已经获得了贷款，他们依靠这些贷款购买了货物，建立了工厂，建造了船，开展了各种投机买卖。这些贷款不时更新，被视为理所当然。借款人如他们所想的一样一直做得很好并赚了钱。但是，突然的、意想不到的贴现中断使他们陷入最大的尴尬境地。他们发现无法偿付约定的款项，他们破产了。他们的破产引发了其他人的破产。这些破产对公众信心产生了巨大的冲击、商业停顿、价格下跌、财产被亏本出售，破产者成倍增加。但是不要紧，我们救助了银行。我们董事们尽管拒绝了其他所有人，但却时不时地被诱导彼此贴现票据。有了这样获得的钱，我们就抄底大量购买财产，随着商业的复苏，我们的腰包开始变鼓。

不久之后，商业确实复苏了。倒闭潮结束了，信心马上得以恢复。低廉的价格是购买的诱因。这样或那样的用途都需要资金，因此需要重新申请贴现。贴现被准许了，我们的流通量、贷款、红利和股票溢价会回到甚至超出原来的极限。但是或迟或早，对硬币的需求或担心对它的需求又会使我们烦恼。相同的收缩体系又会被采用，伴随着同样的个人不幸。但是银行像以前一样获救了。

然而，如果碰巧我们的董事会尤其贪图利润，或者对自己的好运特别有信心，他们本身尤其需要贴现，或者对银行客户特别心慈手软，或者某人由于任何其他原因而忽略了在危险情况下立即采取惯常的缩减补救措施，那么银行注定要遭殃。发展速度飞快的一种混乱是挤兑，这要求采取紧急救济措施。仅延迟一周，甚至仅延迟一天可能都是致命的。硬币被用尽，银行就得停止兑付。

事务得到最终解决后，该银行可能变得完全有偿付能力，但是很多依靠其贷款的银行会因为它停止贴现和兑付而破产。由于无法等待或太急躁而不能等待，银行券持有者通常被迫或被诱导以极大的折扣处置它们。也许它们就是由银行代理商全部买下。

总的来说（除了破产倒闭不经常发生外），这是美国每家银行的历史，尤其是那些被视为最富裕的银行、股票高于面值最多的银行的历史。

到目前为止，我们仅限于银行董事们的可谓"秘笈"的东西。但是公众需要得到安抚和满意答复，而公众往往颇为急切地询问：这些巨额红利出自谁的口袋？为什么要让一些受到优待的个人通过两次出借同一笔钱（一次是以铸币的形式，另一次是以银行券的形式）的特权来致富呢？

因此，被问到这些问题的银行董事们开始做出以下辩解和辩护。

他们说，最真实的是，我们通过银行赚钱，而且比相同资金用于其他任何投资赚的钱都多得多。但是好处并不局限于我们，它不仅惠及贷款方，还延伸到借款方。通过银行券的创新，我们得以放贷的金额是我们本来可以贷出的两倍。对国家来说也是实际资本的创造，实际上是将一直处于休眠状态的资金投入活动。在流通仅仅由银行券构成的地方，该国资本的净增加额几乎等于或完全等于这些银行券的总量。假设美国的银行券流通量为2亿美元，那么，扣除仅有的、由银行持有的硬币数量，该国银行系统净增加了相当于2亿美元的有效资本。因为金和银原本用于铸币，一旦其地位由银行券替代，它们便成为商品，可以像同等价值的小麦或烟草一样出口。这是公众从银行获得的好处。

可以看出，这一陈述远非上述两个问题的全面回答，但是就其内容而言，它不仅貌似有理，而且令人满意、相当不错。实际上，同样是支持银行券的论据，在《国富论》中有很清晰的解释和充分的说明。尽管银行是所有欺诈行为的主要根源，尽管银行有时被滥用来达到腐败的目的，尽管它们经常造成严重的灾难，尽管它们确定无疑地有脆弱、危险的性质（我所说的脆弱和危险是以目前正在考虑的银行理论为根据的），但无可辩驳的是，正是社会对这一事实的试验性认识，使银行能够打起精神抵制撺掇起来针对它们的所有真实和臆想的反对。而为了继续发展壮大，除所有外部敌人外，它还不得不面对所有旧银行反对并诽谤所有新银行的那种狂暴绝望的愤怒。

富有进取心但没有资本的A、B、C、D四人，总是准备好并渴望借钱。他们愿意为使用资本付出代价，并且只要得到资本，他们不在乎资本从何而来或谁获得了利息。A、B、C、D若能借到钱，这对于公众来说是也是有利的。如果他们可以在国内得到货币，而不用从国外获得，该国不仅得到使用资金所获利润的份额，而且还保留了所得利息的份额，否则该份额将跑到国外。大可假设，这些人只有很少的财产，本来就不能向国外借款，由于缺乏工作途径，他们本会被谴责为无所事事，这种状态对个人来说令人苦恼，对社会也很危险。

现在，如果这种创造和借贷资金的运行过程对借款人来说是安全的，对放贷人而言是可以获利的，那么似乎没有非常合理的反对意见。然而，庸俗的嫉妒情绪可能抵制银行的过度收益，对此也许可以这样回答：个人的诚实收益就是社会的收益；即便只有一些人是获利者，也好过根本没有收益。

但是很明显，根据目前考虑中的银行业理论，借款人处于非常尴尬的困境。银行的收益差不多是肯定的，但是，一个数量庞大得多的客户群体（其福利与公众密不可分）始终处于最令人烦恼和卑微的依赖状态。银行可能随时被迫突然缩减其贴现额。没有人知道其日子和时间，依赖贷款支持的生意是那么不确定，纯粹是赌博性质的，其成功完全取决于一个事实，即银行是否会继续进行融通，直到生意结束；对于该事实的偶然性，不可能做出哪怕一丝说得过去的猜测。

贸易充其量很不确定；但是根据现行银行体系，贸易依赖于银行融通，不再是一门艺术。精明、计算、知识、审慎、良好的判断力变得很少有用甚至根本没有用。因为最明智的计划和最审慎的安排，可能也会因银行贷款的意外收缩而失败，这是没人能预见的、无法防范的。这些以往的可敬品质失去了它们应受的尊敬。贸易被视为碰运气的事，商人染上一种纯粹的赌博习气。确保商业成功的不是勤奋，不是睿智，不是节俭，而是机会和好运。

根据考虑中的理论，很明显的是，一家银行越兴旺，它就会变成越脆弱和危险的一台机器。在管理上，需要时刻保持警惕和谨慎，不仅要防范挤兑，还要防范挤兑的可能性。在信心被动摇的时候，银行的客户指望银行成为提供支持和援助（恰恰与银行的兴旺成正比）的朋友的时候，银行却成为他们最危险的敌人；因为恰恰与其兴旺成正比，收缩贷款的必要性就变得更加迫切。银行的安全性要求其坚决充耳不闻客户的悲哀不幸。它必须拒绝贷款，越

第一章 公认的银行理论

是兴旺,越要拒绝。不管这种处理方式多么无情,它绝对是必要的。如果由于不明智的怜悯或对自己的好运盲目自信而没有全面采用这种处理方式,还继续提供贷款,那么这种缓解只是暂时的。对于银行来说,如果继续贴现,则必须立即停止兑付硬币;停止兑付不仅会突然中断其贷款,而且会使银行券持有人一起陷入不幸。

我们还应记得,这种严酷无情的处理方式不仅适用于真实情况,而且适用于只是可能存在的危险情况。不仅实际的贸易波动,还有虚假的会产生股票投机或政治影响的警报、谣言、恐慌,董事会的心情、幻想或反复无常,一个有影响力的成员的情绪低落或想象中的恐惧……种种作用在如此脆弱的机器上的最微不足道的原因,都可能会给单个借款人带来最严重的后果。

到目前为止,人们一直认为,银行的发起人和管理者都是诚实、有信用的人,并假设在开始运营之前,其资本实际上已经以硬币或等价货币的形式支付了。但是,让我们假定不幸的经历告诉我们很有可能发生的事情——假定银行的发起人都不诚实。假设没有实缴资本,仅有由股东的本票组成的名义资本,因此,银行以很少固定资本或没有固定资本就开始运营。一些州已经制定法律以防止此类事项,但是,不论在何地,只要有逃避它们的目的,不诚实的人就很容易找到这样做的手段。在现在假设的情况下,银行贷款仅以银行的流通量为基础,任何将其银行券返回银行的事情,都会完全停止其业务。但是对于这种银行,股东始终是主要的客户,严格的收缩措施可能会挽救银行,但会毁了他们。当然,通常认为银行倒闭更方便,尽管银行券最终理应被全额兑付,但此时银行倒闭,股东能够为了他们自己的私人利益向公众索取强制性的无息贷款。

这些对被普遍公认的银行理论的极其严肃的反对，导致了重要而有趣的探讨，即是否将公众利益作为唯一的行事指南——在这一情况下，公众利益可以被认为与借款人的利益几乎一致。完全可能提出一种适用这些反对意见的银行理论，并按照该理论进行实践。

第二章 新的银行理论

贵金属被普遍用作货币，也就是说，第一作为价值尺度，第二作为交换媒介，其原因在政治经济学的每篇论文中都被提到了。要注意的是，尽管这两个功能以同一名称——货币混杂在一起，但它们的性质截然不同，我们很快就会指出，它们在某些方面显得并不相容。

也许可以这样解释采用贵金属作为价值尺度的原因。在贸易问题上，价值和价格这两个词是同义的，第一取决于供给，第二取决于需求。在供给保持完全稳定的同时，也有保持需求稳定的趋势；尽管需求的独立波动会对价格产生重大影响，但总的来说，价格或价值受需求波动的影响，程度上不如受供给波动的影响。经验表明，大多数事物的供给比需求更容易变化。可以说，贵金属的供给，似乎比其他任何一种贸易都更不容易突然波动。这种供给的稳定，主要是由于贵金属的耐用性。因为我们一定记得，我们可以在任何给定时刻通过供给了解现存及流通中的贵金属的数量。因此，贵金属的供给比较稳定，从而产生了价值的相对稳定或一致；价值的这种稳定或一致使它们适于作为价值尺度；因为很明显，衡量尺度越不容易变化，测量值越准确。尽管当要度量的值之间相隔很长的时间，有时甚至相隔很远的距离时，这是一种非常不准确的度量，但是它仍然足以满足常规贸易的即时交易要求。从来没有值得考虑的替代品被提出过，来作为适合这种目的的价值尺度标准。

贵金属以货币的角色提供的另一项服务是作为交换媒介。贵金属适合于这个目的，是因为其能够被细分为几乎任何程度而没有损失；还因为它们的体积比较小，便于随身携带相当大的价值并从一个地方运输到另一个地方；还能够打上表示自身重量和纯度的永久性印记。尽管如此，为此目的的贵金属使用仍然面临一些非常严重的困难。

1. 尽管贵金属体积与其价值相比很小，但在大量买卖的情况下，金属货币的体积、清数的困难以及从一地到另一地运输的花费都变成巨大的不便。我们现在将铜币仅用于最小额的硬币和最微不足道的交易。铜币曾经构成了整个国家的全部流通媒介，但是贸易的增长、买卖的数量和价值的增加，使其变得笨重不堪，于是更小体积包含更大价值的白银取代了铜的位置，成为主要的交换媒介。但是贸易和财富继续增加，银币的庞大体积开始受到人们的抱怨。黄金提供了一种新的媒介，以更小的体积具有更大的价值，抚慰了伤精费神和筋疲力尽的商人和货币交易商。

但是，黄金只是缓解了困难状况。一位威尼斯商人希望在英国购买价值一万英镑的羊毛，如此大体积的铸币运输如此之远的距离，费用高昂，使人们备感焦虑和危险。商业睿智很快就想出了一种更方便的媒介，用于此类交易。

一位威尼斯商人希望将铸币运到英国来购买羊毛，另一位威尼斯商人最近在英国出售了宽幅细毛织品，并希望将其铸币运到威尼斯。在这种情况下，两位商人会发现完全不需要任何运输，生意就得以开展。给我一份在你的英格兰代理商那里的指令，从而获得你在那里的铸币，你将拥有我在这里的铸币。这就是外国汇票的由来，其便利性很快彰显，从而导致其普遍使用。它们随即成为国际贸易大宗交易的几乎唯一的媒介，现今仍然是这样。一位去英国购买商品的美国人，不用费力带着几袋子或几箱子铸币，而是把伦敦的汇票放在他的皮夹中，或更可能的是简单的取款授权。通过这种媒介，他精确地完成了他的购买，就如同他拥有铸币一样。

汇票可以被视为一种所有权凭证，表明对某地某个银行家或商人手中或在汇票提及的某个时间到达那里的一定数量的铸币的所有权。例如，伦敦的100英镑汇票是一张所有权凭证，表明对在伦敦该凭证所开给并提及和描述的某人手中或在汇票到期时到达那里的100沙弗林（英国旧时面值1英镑的金币）的所有权。随着汇票的转手，所载明的铸币所有权也随之转移。按照普通法的准则，交付对销售至关重要。但是很难将轮船、仓库或农场拿起来并整个交付给买方，特别是当所说的轮船、农场或仓库距离销售地点几千英里时。因此，以下规则被提出，以出售物品的名义交付的所有权凭证或销售票据，符合法律要求，可转让该财产。就这样，一张汇票，即恰好是一定地点的一定数量的铸币的所有权凭证或销售票据，一经背书、交付，它所载明的对铸币的财产权也由一方转移到另一方。

伦敦成为现代商业的中心，这里的商品被买卖并发送到世界各地，伦敦总是需要大量资金来进行这些买卖。因此，伦敦的汇票总是供不应求，而且往往是溢价的。它们在世界上所有被商业渗透的地区构成了通用货币。一个人如果在口袋里有伦敦的汇票，或者有权对那里的优良商家开立汇票,那么不论在何地,无论是在堪察加半岛的冰冻海岸上,在非洲沙漠的中心,还是在遥远的海洋岛屿上,他都会发现用这些汇票购买该国提供的任何产品都没有困难。

2. 还要进一步看到,汇票这种国际媒介不仅在便利性上而且在经济上都比铸币具有巨大的优势。黄金是一种昂贵的媒介,如果黄金在运输途中因事故而灭失,对个人和整个世界都是实际的损失。然而,在大多数情况下,汇票的灭失对任何主体而言都是没有损失的。除了一小块纸,世界没有损失任何东西,至于个体所有人,尽管第一批汇票灭失了,第二批却可以安全到手并履行它的职责。

此外,即使黄金的运输没有危险,在运输期间,黄金也一直是闲置的。对于其所有者和整个世界来说,它的使用价值,或换句话说,它所产生的利息丧失了。通过汇票的使用,这种损失被避免了。当票据在途中或闲置在其持有人的口袋中时,票据所关联的黄金一直在履行职责并产生利息。

但是,节约的不仅仅是利息。黄金会因使用而消耗,每次触摸都会难以察觉地带走某些部分。因此,暴露于天气、每次转运中的反复处理和重新清点,都会使它逐渐减重。通过汇票的帮助,这些损耗的诱因得以避免。尽管没有微积分的帮助,几乎无法知道每次所节省的数额,但是所有这些细小的节省加总起来,就会构成一个庞大的数字。

3. 我在前文已经表明,由于刚才所说的损耗,金属通货易于发生一定程度的贬值。此外还有通过剪切进行的欺骗性减少。汇票完全没有这种贬值源头,其中提到的铸币应该是完美的铸币,铸币厂新鲜出炉,具有标准的重量和纯度。在贬值的通货身上经常发生的小诡计和小欺诈以及争执纠纷都没有了余地。

4. 也很容易证明，使用汇票作为国际贸易媒介，绝对提高了作为价值尺度的贵金属的质量，因此为商业交易提供了额外的稳定性和确定性。供给保持一致，价值取决于需求。现在众所周知的是，贸易的范围，特别是国际贸易的范围经常波动。这依赖于农作物产量，依赖于不同制造部门的成功，依赖于和平或战争，依赖于国家的政治条件，依赖于具有巨大可变性的许多其他情况。当贸易额变化时，对进行贸易的媒介的需求也随之变化。今年，贸易处于某种状况，如果我们假设除铸币以外没有其他交换媒介，铸币将具有与需求成正比的某个相对价值。明年，贸易量减少了一半，但铸币数量保持不变，因此其相对价值必定会下降。铸币价值相对较低，物价上涨，这持续下去是一件好事，但是价格上涨会给予贸易新的刺激，第二年贸易又会恢复到原来的水平。贸易不断增加，对流通媒介的需求也随之增加，但是，该媒介（我们假设一直以来媒介仅有铸币）的供应量保持不变，它当然变得更有价值，物价下跌。这种下跌被证明是商人损失、商业困境和公众灾难的源头。

通过使用汇票作为国际媒介，可以避免所有这些困难。汇票的数量恰好随着贸易的需要而增加或减少，这种增加或减少对价格不产生或基本不产生影响。

通过汇票的使用，不仅可以在很大程度上防止贵金属相对价值的普遍波动，而且是避免性质同样严重的局部地方波动的方法。假设铸币是唯一的媒介，并假设突然从美国取出2,000万美元铸币去支付外国货物。但是对流通媒介的需求仍然与以前相同。供给减少了，相对价值上升了，所有物价都会下跌。类似地，黄金涌入将导致当地黄金价值的相应下跌,以及物价的相应上涨。通过汇票,所有这些局部波动都可以被避免。除非为了解决买卖总价值之间的微不足道的平衡(由此贵金属的当地价值在一定程度上保持稳定和一致),否则永远不需要将铸币从一个国家带进带出。

然而,我们知道,汇票之能够行使货币的职能,仅凭其明确在票面上标明,对于在汇票描述的特定地点的一定数量的铸币,汇票持有人有资格拥有。汇票本身不过就是一张纸,它的所有价值都归于它能够转让的铸币所有权。如果对票据是否拥有该铸币的所有权产生合理的疑问,则其价值将毁于一旦。

因此,很明显,如果说汇票与金属媒介相比具有其他一些优势,那么在安全性方面,它并没有优势。有黄金在手,我绝对确定我的商品拥有无可怀疑的真实价值。但是,当接受汇票作为付款方式时,我仍然有某种程度的不确定,因为汇票也许永远不会被支付。

但是经验证明,与赞成汇票作为国际通货的理由相比,这种异议具有微不足道的后果。这些票据是最近五个世纪以来经商人的共同赞成而确立的,是对外贸易的主要媒介;它甚至因同样的好处被引入同一国家不同贸易城镇之间的商业往来。

可以说,一经要求可兑换为硬币的银行券只不过是一种观念和实践的运用,运用于国内、地方、零售业以及整个社会的现金即付交易。对于此种观念和实践,很早以前使用汇票从事大规模商业交易的所有人都耳熟能详。

银行券就是一种对持有人见票即付的汇票。它是一定数量铸币的所有权凭证,无论何时需要,在票据中提到和描述的某个地方,都可以拥有该铸币。但是,相比于要求兑现铸币,把它们放在袋子里携带，我发现将银行券放在口袋里更加方便。在波士顿，所有波士顿银行券与铸币一样用于所有商业交易。因为每个人都知道，如果银行券持有人碰巧想要铸币，他只需要走进道富银行，向银行出示银行券，然后在闲暇时把铸币拿走。但是费城的银行券无法以同样的方式进入波士顿。波士顿很少有人想要费城的铸币，没有人麻烦地想去费城得到银行券描述的铸币，又麻烦地将其带到波士顿。但是，如果一个波士顿人碰巧需要钱在费城支付，或希望在那里购买商品，他将愉快地接受费城的银行券，而且如果他不能以其他方式得到它，他将为此支付溢价。因为银行券比具有相同价值的铸币更方便寄送或携带。

1. 尽管对比没有在外国汇票的情况下那么明显，但银行券相对铸币的便利性仍然很真实。这一事实的决定性证据可能来自于人们总是接受通用货币，无论这些通货从哪个地方引入。出于同样的原因，银币比铜币更受青睐，金币比银币更受青睐，银行券比金币更受青睐。人们在过去一直是这样，未来也将如此。

2. 从经济角度来看，银行券像汇票一样相比铸币具有同样的优势，并且出于完全相同的原因。我已经在前述章节中解释了，银行券的流通如何使流通于它们的国家的有效资本净增加了几乎等于它们所置换的黄金和白银的总价值。由于不但节省了利息，还减少了磨损，并消除了所有与金属货币有关的损耗源头，很明显，社会每年从银行券流通中获得的收益将超过而不是少于全部流通媒介的年利息。

3. 银行券与汇票一样，避免了因流通铸币的磨损和剪切而产生的贬值。银行券中描述的铸币应被理解为足重的完美铸币。即便不是这样,只要一个国家的铸币被静静地存放在银行中,铸币的位置由银行券替代,且作用超出替代,那么它遭受磨损和欺诈贬值的风险就会大大减少。

4.同样显而易见的是,银行券与汇票一样,极大地提高了贵金属作为价值尺度的质量;这是对它们有利的情况,似乎被忽视了,但这是最重要的。每个人都知道贸易必定容易波动,而且这些波动必定随着贸易的增长而不断增多。由于所有贸易商品的供给天生是不确定的,这些商品的交易范围一定同样地不确定,对进行这些交易的媒介的需求同样不确定。如果该媒介的供给保持不变(只要它仅由铸币组成,那么它在很大程度上一定这样),那么该媒介的相对价值必定不断波动,这种波动将导致价格的持续波动,与仅取决于商品自身供求关系的价格自然波动完全无关。一个国家越商业化,这种不幸就越大。试图将贵金属作为唯一交换媒介(一种更为出众的替代品作为交换媒介已经被发明出来)会对贵金属执行其价值尺度的职能造成极大损害,而对于这一职能,根本不可能有替代品。而银行券会根据需要增加或减少,且对价格没有任何影响,换句话说,如果让它们进行自我调节,它们就能够这样。

尽管银行券作为当地通货,具有使汇票成为国际贸易媒介的所有优点,但它们也有相同的缺点。就安全性而言,银行券不等同于铸币。美元铸币在我的口袋里,我的财富是毋庸置疑的;但是如果我只有银行券,由于银行可能会倒闭,银行券会因此变得一文不值。但是这就像汇票一样,风险如此之小以致无法计算它,因此,该风险不会对作为流通媒介的银行券的价值产生任何可察觉的影响。

到目前为止,我们观察到国际通货汇票和本地通货银行券在特性和效果上具有完美的对应关系。现在让我们将注意力转移到一个点，在该点上我们将观察到二者之间最突出和显著的差异。

银行和银行券是政治争议和纠纷的永恒主题，也是公众和商人不断抱怨的对象。现在，银行券发行被认为是不合理的，人们对贷款收缩非常不满。银行根据现行的管理制度经常容易给商人带来巨大灾难，我已经在前述章节中对此充分解释。这些不良影响总体上是否没有超过从银行券的流通中获得的所有好处，这一点已受到严重怀疑，也确有充分理由令人怀疑。

关于汇票，我们从未听到过任何此类抱怨。它们没有受到指责，也没有被控诉产生任何此类不良影响。它们的使用有纯粹的好处，没有混杂使用银行券附带出现的那些非常严重的弊害。

如何解释这种显著差异？

事物的效果取决于两种情况：第一，事物的内在性质；第二，其运作模式。

现在我已经证明，汇票和银行券的内在性质完全相同，因此，我们必须注意二者在运作模式上的一些不同，从而找到二者效果不同的原因。

将注意力转到这个方向后，我们立即发现了它们各自的运作模式之间最显著的差异。

汇票的发行完全开放给全世界自由竞争。任何国家的任何资本家无论在何处都可以自由地进入。结果，由任何一家机构提供的关于交易的融通数量总是有限的，那么，就任何单个经销商而言，拒绝出售汇票或疏于支付汇票而可能引起的伤害，都是那么微小以至于难以被感觉到。

但是，假设某国家有某个单一机构，例如州立银行或国家银行，或者某个大型股份有限公司。设想该国大部分商人资本薄弱、知识不足，这些人完全没有能力处理有关提供国际通货这么重大的问题，最好将这一重要事务委托给一个机构进行单独的管理和控制，该机构的资本多、信誉好、受尊敬、信息广，这都使它大有优势。那么假设，基于这些理由或任何其他理由，将签发和接受外国汇票的唯一业务委托给这种机构，结果可能会怎样？它会为汇票的使用增加任何新的优势或安全性吗？会给价格带来新的稳定吗？会对外贸有利吗？

这种运作程序，如果其主体是汇票这种国际通货，所有人都承认这是荒谬和致命的；但是，同一运作模式，其主体如果换成银行券这种国内通货，却被认为是适合的。

根据公认的银行理论，完美的银行体系是将整个业务委托给唯一的一个机构。如果我们相信这一原则，则每一个额外的银行都会破坏这个体系的完美；我们银行体系中的"大祭司们"都庄严地向我们保证，当前被猛烈抨击的银行体系所有的弊害，完全是由银行的增加产生的。

但是我已经在前面章节证明了，当前银行体系的全部弊端产生于一个事实，那就是银行借出的钱比它们所拥有的多得多。它们借出不属于它们的钱，它们是我们当中最大的债务人。当然，它们是第一个在货币市场上感到压力的人，它们一定会拯救自己，而不管让谁去受苦。

第二章 新的银行理论

银行负债累累是如何发生的呢？显然，因为它们拥有将自己的银行券作为货币进行流通的专有特权。我们如何限制银行的债务？不是通过想规避就总可以规避的禁止性法规，而是通过将银行券的发行业务开放给自由竞争。

这样的竞争会产生什么影响？由于每家新银行都得到一定份额的流通量，这必然会减少所有以前存在银行的流通量，正如它们的流通量减少一样，可能的贷款波动也会同样比例地减少。

假设马萨诸塞州的流通量达到1,000万美元，并假定这种流通完全由一家资本为1,000万美元的银行提供。这家银行通常可以贷款约2,000万美元。但是，突然的挤兑或恐慌可能会迫使其减少一半的流通。整个不可预期的、不可预见的500万美元的削减，[①] 首先落到有限数量的个人银行客户身上，给他们带来极大的困扰，并导致其中一些客户破产倒闭。

现在假设代替这一家银行的是1,000家"小微银行"，每家资本为10万美元。如果将业务平均分配（会不断趋向于此），每家银行通常可以借出11万美元，与上述假定相对应的压力，将需要每家银行减少仅5,000美元的贷款，它们中的任何一家都不可能有义务削减1万美元以上。整体500万美元的削减不是大规模地落在一家银行的少数客户上，而会在一开始就被分为零碎的部分，散布给1,000家银行的众多客户，这将很难被任何个体感受到。

通过继续增加银行的数量，不久，每个银行的发行量都将减少

[①] 2,000万美元贷款扣除1,000万美元资本，自己银行券的流通只有1,000万美元，其一半为500万美元。——译者

到如此微不足道的程度，以至于诸如挤兑和随之而来的贷款减少之类的事情简直就不为人所知。如果需要输出硬币，则有必要从众多参与者那里少量收取，对任何一家银行要求的数量都太小了，不会产生任何严重的惊慌。实际上，硬币的输出将给它们带来积极的优势，而不是像现在这样成为其棘手的难题。毫无疑问，输出的大部分将来自银行金库，但是一部分也将从流通的通货中分离出来；为了弥补由此产生的缺口，银行可能扩大流通范围，从而使价格保持稳定，使事情像以前一样继续下去。然而在当前的制度下，银行不但远没有填补流通的缺口，它们眼中是不断挤兑的恐惧，反而不得不扩大缺口。由于流通总量减少，构成当前流通量的通货价值增加，物价当然会下跌，这将产生惊慌，商业因之中断，整个社会陷入混乱。

的确，根据我建议的系统，银行效益永远不可能大大超过普通的资本利润，银行股票很少会超过面值。但是，尽管通过银行券的流通获得的收益不会那么明显，它仍然很真实。它不会被一些受到优待的人独占，而会在社会中传播，尽管没有那么明显地被看到，但会更普遍地被感觉到。

此外，无论银行管理者的欺骗或愚蠢多么严重，银行几乎都不可能倒闭。就公众而言，无论银行倒闭与否，其后果都是相对微小的。任何一家银行可以投入流通的银行券数量都太小，其倒闭不会引起股东的任何异议。因此，它能够向公众施加的强制贷款数额简直是微不足道，并且银行倒闭可能造成的全部损失和麻烦几乎都落在了其应有归属，即股东身上。

显然，银行业务的自由竞争将产生以下两个效果：

第二章　新的银行理论

第一，这将完全防止现行银行制度的重大苦难，即个别银行贷款额频繁的、突然的和广泛的波动。

第二，这应该是对银行券流通的附加保障，因为每个新银行在流通通货数额的新认可上是地位同等的。

让我们诉诸事实

1830年1月1日，弗吉尼亚州有4家银行，总资本为5,571,100美元，贷款为7,698,900美元，流通量为3,857,900美元。假定有一次挤兑迫使它们收回一半流通中的银行券，它们一定减少了四分之一以上的贷款。同一天，马萨诸塞州有66家银行，总资本为20,420,000美元，贷款为28,590,000美元，流通量为4,747,000美元。马萨诸塞州发生的类似的挤兑将迫使那里的银行减少其贷款的十二分之一，这对客户产生了巨大的差异，尤其是当我们考虑到整体的收缩不是首先落到4家银行的少数客户上，而是被分散到66家银行的众多客户中时。但是同一天，在罗得岛州（这是合众国最小的州，在面积和人口上都少于马萨诸塞州的单个县）有47家银行，总资本为6,148,000美元，贷款为6,909,000美元，流通量为673,000美元。如果罗得岛州发生同样的挤兑，那将迫使那里的银行只将其贷款减少二十分之一，而且商业中断几乎无法被察觉。

从这三个案例中观察到的是，银行手中的硬币不到存款额的一半，这些存款如同银行自己的银行券，很容易向银行要求兑现硬币。

现在谈谈这几种通货的安全性。在弗吉尼亚州，3,857,900美元的流通量由4家银行负责，并有5,571,100美元的资本保证。

在马萨诸塞州，47,470,00 美元的流通量由 66 家银行负责，并有 20,420,000 美元的资本保证。在罗得岛州，673,000 美元的流通量由 47 家银行负责，并有 6,148,000 美元的资本保证。这些通货中最安全的是哪一个？

在所有州中，马萨诸塞州和罗得岛州的人最优秀，他们最富裕、最有教养、最有创造性和商业头脑，也最聪明、勤奋、有进取心，也恰恰在这两个州，银行特许状的垄断已经最大程度地被打破，尽管所有旧银行对所有新银行都存在最坚决、最激烈的反对。这些机构似乎已经再现了萨图恩的寓言，被吞噬自己后代的疯狂激情所激发。那个众神之父萨图恩可能希望获得对崇拜的垄断，银行的目标则是垄断利润。但是，寓言的结尾将与开头一样对它们适用。萨图恩在子孙后代的光辉中相形见绌，几乎被遗忘，而现有银行也会发生同样的事情。

但是这项善事尚未完成。必须完全废除银行特许状的垄断，不只在一个或两个州，而是在所有州。否则，条件最好的州将因同情而不断遭受动荡的兄弟州的巨大冲击。资本家必须有同样的自由将资金投资于银行，就像投资于棉纺厂一样。

通过几乎每天都建立新银行，这项工作正在继续进行。尽管那些鹦鹉学舌之人聒噪不绝，重复着他们老师教给他们的唯一一课；尽管那些看不见的人愤怒地争论——因为他们认为被蒙住双眼是他们的利益；尽管公众的怀疑和忧虑没有被充分了解，并被有意误导；然而，正如正午骄阳那般清楚不过，每家新银行，朝着摧毁银行特许状垄断迈出的每一步，都对社会有所裨益。

无论大型还是小型银行，自然而然地必然会受到少数人的影响和控制。如果只有一家大型银行，其融通服务将主要限于将夺取它的管理的少数几个大资本家的朋友、支持者、追随者和谄媚者。银行业的垄断必然趋于导致商业垄断，因为只有那些拥有实现垄断必需手段的人，才能垄断商业。

既然如此，就应该让银行设在每个村庄，让那些对现有银行之作为不满意的人自由地建立新银行，这样，这些机构提供的便利和帮助就会像甘露一样，遍布全国的每一个角落。

有人提出反对，认为新银行不能发挥很大的作用，因为它们不能创造或带来任何新资本。的确是这样，但是它们极大地节省并促进了现有资本的使用。在所有商业类型中，尤其是在贸易中，首先需要一定的固定资本，一直处于被投资状态，其次是需要某些流动资金，有时被使用，有时是闲置的。现在，如果许多商人可以将其流动资金聚集起来并投资于银行，那么他们会发现在许多方面非常便利，能带来很多好处。这种便利和好处在于，当他们在做生意过程中需要使用其投资于银行的流动资金时，他们可以向银行借入资金，达到其股票的金额，甚至更多。当他们对这笔钱没有需要时，可以将其借给需要该笔钱的其他股东。如果没有人需要，可以将其借给希望借款的任何人。

很显然，许多商人用这样的方式将他们的流动资金联合起来，比起每个人依靠自己的金钱独自经营，同等数量的资本能够做到的更多。当资金需求旺盛，每个人都想得到自己能得到的一切时，每个股东都会收到他那份资金融通。但是通常会发生这样的情况，有些人迫切需要金钱，另一些人则很少需要它；银行的资金能依次用于救济和帮助所有人。同时，所有这些流动资金都被安全地投资，支付了适度的利息,并且能够随时待命投入使用。

许多马萨诸塞州和罗得岛州的银行都是根据这一原则组成和管理的。股票主要由商人持有,他们的持有不是为了红利(在这些州总的来说是适度的),而是由于他们从参与银行中获得商业便利。这种银行系统是对现金账户系统的明显改进,现金账户系统使苏格兰的银行声名鹊起。通过现金账户系统,客户被允许基于存款获得利息;但是根据我现在正解释的系统,他们被允许参与银行的所有利润。这正是储蓄银行开展商业活动的原则。

商人们在理论上不了解此事,他们对这个事实的认识是混乱的。因此,对于每年执着申请的银行特许状,根据自由竞争的原则,应该免费授予,如同被大量申请的制造公司特许状一样。

一些谨慎的人震惊于这种无限设立银行的想法,以及因此任何一个主体都能够自由地向公众欠债。如果可以劝使这些善良的人思考两秒钟,那么很容易向他们展示其恐惧多么没有根据。1827年的冬天,马萨诸塞州立法机关特许成立的每家新资本为10万美元的银行,都将能够发行1万—2万美元的银行券,除了极其特殊的情况,这是其对社会最大可能的负债金额。每个以相同的资本特许的制造公司,可以没有任何明确限制自由地负债。如果其从事某项生意,在任何时候可能欠下5万—20万美元,其中相当一部分将属于工作的男男女女,这些人依赖他们每周的工资谋求生计,即我们被告知遭受不负责任的银行抢劫和蹂躏的人。任何有常识的人都不会否认这一说法。然而,现实情况是,我们可敬的立法者将让每家特许银行办理最令人震惊的烦琐手续,而制造公司则会在没有被询问或回答一个问题的情况下,成打整批地通过特许。这些人是多么地拘小而疏大。

每个贸易分支都曾经是垄断的。知识的进步已经驱逐了除银行业之外各种行业中这种令人无法容忍的制度。不久之后，这一最后的大本营也会被迫放弃。

当人们普遍理解和接受自由竞争的学说时（这样的日子为期不远了），我们的立法者就不会滥用公众的耐心，把时间花费在关于当前通货状态的愚蠢和毫无说服力的辩论以及关于此地或彼地是否需要银行的无用和琐碎的争执中，而将摆脱可鄙的、低劣的、虚伪的个人利益洗牌，对法律的必要修正给予一定的关注。贸易将不再受愚昧无知、马马虎虎的政客的摆布，不再受同样被抨击的少数财大气粗、盛气凌人、专横傲慢的银行董事的摆布，这些人不会关心他们造成了什么伤害，只想使自己的专有特权长存。通货的健全状况、银行的审慎管理将不取决于任何个人或团体的谨慎或诚实。不再受制于人为管制，通货将为其自身必要的规律——商业贸易的规律——所控制和引导，这些规律的运作不像偷偷塞入的笨拙不当的人为管制替代品那样忽上忽下，而是受制于恒定的、稳定的、温和的而又不可避免的压力，这比事后纠正要好得多，是从一开始就防止出错。

第三章　论国家银行 ①

显而易见，根据上一章主张的原则，在本质特征上像英格兰银行或后来的合众国银行那样我理解的国家银行，既无必要，又无用处。

这样的银行享有专属特权，完全与自由竞争相悖。它始终构成垄断者的大本营、坚固堡垒、骄傲和依赖。值得注意的是，自从英格兰银行被剥夺了部分专有特权，英国股份制银行取得了怎样长足的进步。同样，自从杰克逊否决了合众国银行的特许延期，美国的地方银行在数量和资本上翻了一番；尽管与此同时，黄金通货派与银行特许状的垄断者紧密合作，一起强烈反对任何新银行的建立，仍是如此。这些黄金通货者对所有垄断者都怀有极度的憎恨——到此为止，他们是对的。但是，他们遭受到了狂热者的共同命运，让自己被咒语镇住，成为他们最讨厌的人手中的工具，促成了他们最衷心反对的结局。

据说国家银行是必要的：

第一，规范地方银行，使其保持秩序。

第二，便利国内外币兑换。

---

① 这里所讨论的国家银行，大体上相当于后来的中央银行。——译者

第三，提供统一的通货。

1. 其中第一个原因，已在上一章讨论过。银行业的自由竞争将以更少的麻烦、更大的确定性完成提议的目标。

建立国家银行是为了监督其他银行，但是，谁来监督这个监督者？如果一个城市只有一个守夜人，那么尽管这个守夜人是最"认真和老成的守夜人"，通常也会发生这样的情况：他在黄昏后不久就跑到守望所，在那里最安静、最安全地睡过了他的守夜人时间，直到他的外套被偷，或者城市被他自己灯笼上的蜡烛点燃。正当大火旺燃，消防车已经在工作时，他终于睁开眼睛，大叫"着火了"，上蹿下跳，好像他是第一个发现着火的人。

解雇看守人，然后从小人的利益出发来安排事情，让他们彼此监督并揭露各自的小人行径，难道这样不会好得多吗？

2. 国内外币兑换业务由一家银行或另一家银行进行，可以同样好。和在其他地方一样，自由竞争在这里是必要的，它将很快使利润降低到合理水平。

最近，国内外汇交易的混乱引起了一片哗然。据说在政府移出存款之前，汇率是如此之低。从那以后，汇率变成两倍、三倍、四倍，我们被告知这是由于合众国银行的毁灭。

那些以这种方式推理的人，似乎没有想起在汇率如此上升的整段时间里，合众国银行一直在全速运转。可以肯定的是，与此同时它的角色发生了转变，从国家银行变成了州立银行，但这不会在任何程度上妨碍其兑换业务。它具有相同的资本、人员、信誉、手段；诚然，流通量的减少可能使其贷款总额减少了，但其分支机构的关闭已经缩减了对私人的担保贷款，并趋向于将全部资金投入国内外币兑换业务中。即使失去了公共存款，它仍然拥有约800万美元属于合众国政府的货币。

在前文，我已经介绍了国内外币兑换业务的历史。我提请读者注意那段历史，根据那里所说的事实，很容易解释最近汇率的急剧上升。造成这种上升的原因有两个：一是所有物价都上涨了；二是利率也上涨了，那么汇率就上涨了。但是，尽管出于对触犯高利贷法律的担心，利率的上升不得不被隐藏和伪装（至少就银行而言是这样），汇率上升（其中利息构成主要项目）是一项公共事务，汇率与其他任何物品的价格一样是众所周知的。可以说，这一原因回答了整个问题，即国内汇率与实际利率不成比例是如何显现出来、何时显现出来的？

如果确实如此，那一定是因为国内外币兑换业务的增长速度超过了进行这种业务所动用资本的速度。过去两年内，大量资金被投入其中；仍然很有可能的是，极大程度增长的业务量超过了交易需要的手段。如果是这样，自由竞争将很快让一切回归正轨。但是汇兑业务与银行业务如此紧密地联系在一起，以至于让两项业务中的任何一项开放并进入自由竞争而另一项不开放并不容易。国家银行不会比其他任何拥有等量资本的银行做得更好。我反对的不是银行，而是它渴望被赋予的专有特权。

3. 有一种方法可以在整个美国产生统一的通货，从而极大地便利该国的商业往来，与银行业的自由竞争完美吻合，并且比诉诸国家银行不知道要好到哪里去。

这种有效又巧妙的方法由波士顿的一位银行家发明。我说不出他的名字，因为最有用的发明不一定总是最有名的。但不管他是

第三章 论国家银行

谁,他完全值得拥有一座雕像,新英格兰人民完全能够负担得起竖立雕像的费用。

在整个新英格兰,尽管银行比该国其他任何地方都要多,但通货完全是统一的,美国其他任何地方都从未如此。

令人满意的结果是这样产生的。经共同协议,波士顿的某些银行按面值收取所有新英格兰银行的银行券。为了防止银行券返回自己的柜台被要求兑现硬币,这些新英格兰银行发现在波士顿提供资金赎回它们的银行券对它们更有利和方便。平衡波士顿的银行与各地银行之间的账户的整个业务,都被委托给一家银行,这家银行从其他银行那里为其所付出的辛劳获得合理的补偿。

这种简单而出色的安排的结果是,任何新英格兰银行的银行券在新英格兰的任何地方都是平价的。这等同于好像所有银行兑现彼此的银行券,通货因此变得完全统一。每家银行都在不断地对其他银行进行制约,每家银行都被确保在流通中享有应得的份额,所以该体系对银行和公众同样有利。

现在要在整个美国产生统一通货,只需要将新英格兰体系扩展到整个国家即可。让纽约的银行同意按面值收取美国所有主要商业城市银行的银行券,并根据波士顿的程序,迫使这些银行在纽约提供资金以赎回其银行券。完成此操作,将达到在整个美国产生统一通货的目的。直到采用这种制度并彻底实行时,我们才会有统一的通货。

附　　录

　　以上著作写于1836年秋天，1837年1月出版发行。从那时起，美国发生了一场大的商业危机。乍看起来，这场危机似乎证明了笔者在第一部分第十九章的大部分内容都错了，这些内容描述了美国上一年享有的商业繁荣坚实、可观且很可能是永久的。

　　不过，根据笔者的观点，当前国家贸易中的显著危机完全是由两个偶然的和短暂的原因造成的，当前的事态与我举出的任何原则或试图维持的任何立场都不矛盾，而且实际上，倾向于大大加强它们。

　　情况是这样的。在最近过去的九个月内，美国商人被意外地要求偿还他们用来做生意的大约7,000万美元的借贷资金。其中大约4,000万美元还给总体政府（商人通过存款银行借到），还有大约3,000多万美元还给被称为"美国银行家"的英国大商业银行。

　　无论他们从事的生意多么繁荣兴旺、有利可图，突然被要求用现金来偿还，而这个数量又占他们实际资金的这么大一部分，难怪许多人会破产，这也使银行的断言更有说服力，即除非它们停止硬币兑付，否则所有的商人都一定破产。

　　的确，在以上专著撰写之前，分配法已经通过。但是，尽管现在结果业已发生，很容易明白，突然要求商人向政府偿还大约4,000

万美元，对于那些被要求偿还的人来说是极大的不幸，这种不幸通过他们会进入整个社会。然而，笔者与本国所有政治家和金融家（他们中没有一个人指出分配法的这一必然结果）的共同之处在于，在我的预期中，没有为该法的实施做出应有的考虑。在这里可能已经足够恰当地观察到，任何国家采取与商业问题如此紧密相关的重大措施，都会产生其支持者或反对者预料之外的若干后果——这本身就是支持商业和立法尽可能分离的一大理由。

对于"美国银行家"要求美国商人偿还3,000万美元的问题，直到这本专著出版一小段时间之后，这个国家才充分理解这一问题。它向笔者展示的一个方面就是在专著撰写时所显现的，即英格兰银行和其他股份制银行之间的斗争。要求美国偿还借入资金的最终结果当时并没有显现出来。让我们偿还这笔巨款的这一突然要求，来自英格兰银行的运作和管理，这种运作与第二部分第一章所述的运作完全相同。在大规模扩张之后，银行认为合适或有必要进行大幅收缩，那些曾是扩张主要服务对象的美国商人也是收缩的主要受害者。

对于政府要求偿还并分配给各州的钱，据观察，各处都没有资本损失。这只是从某处到他处的转移，尽管这种转移可能对个人造成伤害，但国家资本的总和保持不变。

至于"美国银行家"要求的货币，情况就不同了。在这种情况下资本实际上被带出了美国，而依赖这些资本的贸易部门将是复苏时间最长的。

棉花价格突然而巨大的下跌是最近危机中最显著的事件之一。这次突然下跌起因于西南部大多数从事棉花贸易的大商户的倒闭。

然而，商品本身符合价格下跌条件——生产超过了消费，价格下跌是不可避免的。西南各州的棉花种植者在纽约和其他北部城市获得了比他们应得的更多的信贷，从而将损失大量金钱。但这好像是几乎唯一的商人们绝对轻率的例子。

银行停止硬币兑付是否合理必要，足以构成重要一章的主题，但我现在没有时间来论述。这场最近的危机无疑将对银行业问题的未来命运产生最严重的影响，值得最仔细、最坦率的研究。对此发表任何决定性的意见也许为时过早。

1837年8月1日于波士顿

致马库斯·莫顿阁下关于银行和通货的信

(波士顿,1840年)

致莫顿州长的信

先生：

  在对马萨诸塞州议会的最新致辞中，阁下对银行和通货问题进行了相当长的讨论。我深信，关于这个重要而有趣的话题，阁下犯了许多非常严重的错误。如果我试图指出阁下的一些错误，希望阁下不要认为我逾越了一名好公民的职责。

  尽管银行和通货这一主题本身足够简单，但由于不利情况的共同作用，这一主题被如此多的错误和偏见所包围，以致以下情况就不足为奇，如果阁下的时间被最高法院法官和州长候选人两个身份一起占据了，那么您将无法给予彻底调查该主题所必要的时间、精力和研究。

  阁下对银行体系的探讨，始于对当前通货波动带来的不良后果的一些俗套的反思。接下来，阁下转而提及了政府有责任防止这种波动，并建议了可能有效的几种措施。

  近来有很多关于政府监管通货的权力和责任的说法。似乎所有政党成员都认为这种权力和责任是理所当然的，而争议的重点似乎是，这种规制权力是由全国政府行使还是由各州单独行使。

  但是，我将大胆地主张并非常简短地尝试证明：一个政府一旦将黄金和白银定为唯一的法定价值标准、偿还债务的唯一法定货币，它对通货的主要权力就已用尽。政府调节通货数量或通货质量的任何尝试，都必然是徒劳的，或有害的。

首先，关于通货的数量和相对价值。

如按阁下所称，其他事物的名义价值取决于通货的数量，同样正确的是，通货的实际价值和名义价值也取决于其他事物的数量。因为其他事物的数量一定是不断变化的，通货的价值必然同时发生变化，天下不存在能使之稳定的权力——而这却是阁下想要达到的目标。

例如，如果在某个时间，某个社区有1,000桶面粉、1,000桶猪肉、1,000桶牛肉、2,000蒲式耳马铃薯和100银元，这些都是社区拥有的可交换商品。假定一桶牛肉、一桶猪肉、一桶面粉、一蒲式耳马铃薯和一银元彼此之间分别具有特定的交换比率。其他商品各自对银元的比率，将决定那些商品的银元价格，而这同一比率也将决定银元的价值，即它能交换到的其他商品的数量。

现在很显然的是，在上述假设的情况下，不论以上哪种物品的数量发生变化，不管是面粉、牛肉、猪肉、马铃薯还是银元的其中一个还是所有，都必然因此让这些物品间之前存在的那些比率产生变化。也就是说，每当任何可供交换物品的现存数量发生变化时，所有可供交换物品的相对价值都必然与此同时发生变化。因此，很明显，如果不同时以同样固定不变的标准，来确定使用该通货进行交换的所有物品的现有数量，那么要给予通货一个固定不变的价值是不可能的。而这是一个没有任何政府会足够鲁莽地去承担的艰巨任务。

许多人（阁下似乎持相同意见）将商品价格或市场价值的巨大

波动归因于近五年来不时发生、达到很大程度的通货数量的波动。无疑,在过去五年中,通货数量的波动对其他物品的名义价值或价格产生了一定的影响。前面的论据表明一定会如此。然而,该论据也表明了,这种影响一定非常小——如果在这段时期的大部分时间里,这种影响的确被感知到的话。实际上,我们最近目睹的价格的巨大波动,完全是由其他原因引起的。对少数几个详细案例的思考,将提供充分证据证明,事实就是如此。

以缅因州林地的价格为例,其价格是否由于通货扩张而提高了?是否由于通货收缩而下跌了?根本没有这样的事。缅因州林地的价格上涨,是因为社会(整个社会虽不乏知识,却很容易上当受骗)通过某种方式或其他方式,给这些土地固定了非常夸张的价值。有种见解是这样的:谁拥有这些土地,就是拥有巨大的财富,这使他不能不致富。一旦发现了这种见解的虚假性,且发现得很快,那些土地的价值会再次下降。通货的状态与其上升或下降均无关。一群无知和缺乏经验的人被人利用,被虚假的故事引诱付出高昂的代价,从而陷入愚蠢投机,然后,这群人试图将自己的愚蠢所造成的后果怪罪到通货状况上。哪有比这更荒谬或不公正的?

再举一例,如果您选择棉花的价格。棉花价格的上涨和下跌是因为通货起先膨胀和后来收缩吗?不是的,这只是一种空谈,并没有对这个问题做出解释。真正的解释是这样的:多年来棉花的消费量一直超过其产量,自1825年以来积累的大量过剩库存逐渐得到处理,而在1833—1834年间有迹象表明,即将到来的收成将无法满足需求,由此导致价格上涨。在1835—1836年间,其消费持续增长,导致价格进一步上涨。这种价格上涨一旦开始,就会被各种各样的骗行吹起来膨胀，就像缅因州土地的价格一样。种植者听了许多没头脑的故事，他们被引导相信棉花价格将继续上涨，他们期望超越所有限制发财致富，这导致他们做出各种过度之举。他们来到北方，讲述他们无穷财富的故事，他们发现北方商人和制造商同他们自己一样轻信别人；依赖"尚未孵化的蛋"，他们获得了大量的信贷。

这种状况刺激了棉花的耕种达到最高水平，不久便供过于求，这使得价格下跌不可避免。大棉花投机者将累积的成包的棉花存储起来，竭力暂时延缓下跌。但是1837年的崩盘结束了这种生意，棉花价格一下子从每磅20美分跌到了6美分或7美分。然后，合众国银行和一些南部银行试图通过大规模的预付款来暂时抬高价格。也就是说，他们通过非常巧妙的计划提高了价格，即对每磅价值不超过8或10美分的棉花支付15或20美分。这不会持续很长时间。棉花供应不断增加，价格下跌到1828—1829年的水平，或更低的水平，这将一直持续到消费量超过生产量时为止。同时，通过人为手段提高价格的银行不得不停止付款。

所有这些大错、误判的不良后果并不限于南方。所有那些在其中分享利益、放贷给南方种植者的北方商人和制造商，承担了他们那部分损失，结果痛苦不堪。

这种困苦的根源是完全清晰的。在贸易问题上和在其他任何问题上一样，"知识就是力量"。北方和南方的所有这些麻烦都是由无知和短视造成的，这在事后看来几乎是不可思议的。每个反思的人都知道，棉花价格的上涨是由短暂的原因引起的，因此很快价格一定会下跌。每个反思的人都知道这一点，但不幸的是，对应一个反思的人,就有一千个根本没有反思的人。成千上万的人认为棉花价格的上涨将是永久的,他们选择按照这个荒谬的想法行事。正是这种愚蠢制造了这么大的困苦,而不是通货状况——在麻烦的起源上,其仅有察觉不到的影响。实际上,正是这些错误的估计以及由它们产生的贸易和价格的紊乱扰乱了通货,通货被扰乱之后,又产生反作用力,加剧了贸易的紊乱。

令人惊讶的是,人们对用简单明了的方式看待事物会有多么强烈的抵触。他们只需要使用一些常识,而这些常识通常会很好地为他们服务。但对于大多数人来说,常识是永远不起作用的。对每件事情的解释必须有某种传奇、某种奥秘、某种奇妙的迂回理论。当涉及自身识别能力时,尤其如此。如果将某种结果的出现归因于其自身的无知和愚蠢,这将对人类的自尊本性造成极大的羞辱,以至于人们不容易接受这种结论。其他人或其他事必须为此承担责任;在过去五年,大量的后果本应归咎于有小聪明而无大智慧的许多人,归咎于他们错误的估计、头脑发热急于致富、可悲的无知和愚蠢,而不是其他什么事,但这无数的责任被推卸给了通货状况,而通货状况对于所有这些苦难的根源完全是无辜的,不过毫无疑问,某些情况下通货状况事后加剧了苦难。

请任何一个具有反思能力的人在脑海里过一遍任何带有1835—1836年价格的物品清单,然后重新浮现同一物品的当下价格。如果这些物品中的任意一个的价格下跌了,难道他不能坦率地、清楚地将这种下跌追溯到关于这些物品的当前或未来可能的赢利性的观点的变化?我所说的"赢利性"是指这些物品在交换中能够拥有其他物品的能力。一些物品现在的价格低得离谱,就像三四年前其价格高得那么离谱一样。公众观点通常会从错误的一个极端冲向另一个极端，很少停在中间。

关于价格，有一种因素影响着它，政治经济学家对此尚未深思熟虑，但这是一种具有决定性的影响因素，即想象出来的观点。人参被我们认为是一文不值的杂草，而在中国，它的价格很高，中国人相信它具有药用价值。多样性的价值取决于多样性的观点，对于大多数其他药物来说是这样的，实际上对于大多数或其他所有种类的事物也是如此。荒地的价格以及每一家未完工企业所有股票的价格，取决于人们对其在未来某天的价值的看法，大量的许多其他物品也是如此。的确，关于未来价值的看法，是决定每件事物价格的重要因素。

因此，明白人们的观点容易变化，甚至从一种极端跑到另一种极端的人，认为没有必要在价格及通货状况中寻求波动的根源，也不会抱有任何荒谬的观念，即政府的任何立法过程、任何管制企图可以使价值标准永久稳定。价值在其本质上是易变的，政府还不如尝试去管束海洋。

关于通货的数量就谈这么多。通货的质量或材料，即被用作通货的某种事物，和该通货的数量一样，几乎不是立法的合适对象或实际上在政府权力范围内。政府有权利也有权力（其实也是政府的义务）依法确定价值标准，即确定应根据什么标准签订合同并清偿债务。然而，毕竟这种权力是非常有限的，对此与其说是积极的，不如说是消极的。黄金和白银已被普遍确定为价值标准，且独立于任何政府的行为；如果任何政府现在试图建立并执行任何其他的标准，它将发现这项工作存在不少困难。美国国会和法国国民公会建立商业价值标准的尝试均徒劳无功——一个发行了大陆的信用券，另一个发行了流通于1789—1796年法国大革命期间的指券。

关于通货的质量，即用作交换媒介的物质的种类，政府的立法权即使可能染指，也无力处理。除非在非常特殊的情况下，否则政府没有实际的权力决定哪些物品可以用于交换，或者什么物质应该被允许用于偿还债务。如果债权人感到满意，通常没有政府干预的余地。政府对通货可以合法行使的唯一权力，不是它作为政府而是作为大型货币交易商拥有的权力，其权力在于它本身作为榜样。像任何其他大型货币交易商一样，政府的榜样非常有力。它同意将什么作为货币，其他人就会将什么作为货币；政府通过这种方式且仅通过这种方式，可以对货币问题施加任何正当或有效的影响。

确立了这些一般性原则之后（这些原则确实看上去完全没有矛盾的可能），现在应该调查一下将其实际应用到我们周围现有事物，尤其是银行体系中的情况。

银行是商业公司或有限合伙企业，除其他业务外，它们发行见票即付的本票。只要票据发行银行仍具有毫无疑问的信用，这些见票即付的票据就可以在票据发行银行的附近地区代替铸币作为交换媒介。实际上，由于具有更大的可携带性、优越的清数便利性以及其他原因，这种票据比铸币更受青睐。拥有铸币的人习惯于将其送到银行，交换成银行票据，因为同等价值下票据方便得多。在银行柜台任何时候出示票据将拥有等量的铸币，只要银行有偿付能力，也就是说只要其对出示票据进行兑付的能力未受质疑，那么这些票据就会继续流通。当银行的兑付能力受到质疑时，其银行券的流通会立即停止。这些银行券获得这种用途并成为我们的通货，这是如何发生的呢？可以肯定的是，立法不是其起源。立法机关可能通过了50项法律，例如宣布该按票面价值收取联邦银行、拉斐特银行、富兰克林银行的票据，甚至命令必须如此收取这些票据，但这些法律不会产生任何效果。另一方面，假设立法机关明天通过一项法律，宣布禁止将任何银行券作为通货使用，并对这种使用施以重罚，是否有人可以想象这样的法律有多大可能被实施？是否有人设想这样的法律会破坏当前的通货或银行券的价值？立法机关可能恰好也通过了一项禁止穿着棉衬衫的法律。只要穿着棉衬衫舒适愉快，没有给个人或公众造成相当大的不便，那至少在这样的社会中，试图通过法律禁止使用棉衬衫会被证明为徒劳的。棉衬衫的使用并非起源于立法，也不能被立法所禁止。至少要等到有新的发现表明使用棉衬衫会带来一些危险时，公众舆论才会支持这部禁止性法律。

可以说，银行券恰恰也是如此。的确，本州的某些公司享有发行这种纸币的专有特权——人们会用一种睿智而又意味深长的方式遵守这一规定，就像假设立法机关将制造棉衬衫的专有权授予法院街和汉诺威街上的一些公司那样。然而，正如授予某些人生产棉衬衫的垄断权没有导致人们穿棉衬衫的倾向，授予某些公司发行纸币的专有权，并没有导致人们强化了流通和使用这些银行券的倾向。人们穿棉衬衫是因为他们感到舒适、方便和愉快，人们也正是出于相同的原因使用银行券。

现在，我们来看看银行券作为通货是如何起源的。它们是逐渐被引入的，就像棉衬衫的逐渐使用一样；它们在各个方面被发现非常方便和舒适；就像棉衬衫逐渐取代亚麻衬衫一样，银行券也逐渐取代了铸币。

可以说,这两样东西的使用看起来都不是适于政府干预的问题。人们有足够的能力判断穿着棉衬衫是否总体上比穿着亚麻衬衫更加舒适和方便,而无需立法机关的任何帮助或指导;同样,他们有充分的资格判断,使用银行券是否总体上比使用铸币更好。我知道,人们常说,银行券的使用已经被引入和确立,无论人们是否愿意,都必须使用它们,因为他们得不到其他东西。事实并非如此,如果人们愿意,他们随时可以将他们的银行券交给银行并取得铸币。棉衬衫的情况要牢固得多,迄今为止,棉花已经取代了亚麻,以至在每个国家都没有亚麻;一个人无论是否愿意都必须穿棉衬衫;至少要想得到亚麻,他一定要经历很多痛苦和麻烦。此类结果对于所有类似情况都是通用的,在这方面,银行券的使用没有什么特殊的。

然而,有一种对银行业务的干预,是常识和通常的立法程序赋予了正当性的,而且只有一种。对于那些通过临时和表面检查不易确定其质量的贸易物品和交换物品,立法机关通过各种检验法律作为确保相关商品可靠质量的手段,是常见的也是高度适当的,比如面粉检验法、烟草检验法、牛肉检验法、猪肉检验法和鱼类检验法、鞋底皮革检验法等等。可以说,尽管这些物品是常见的贸易和易货贸易的主体,但对于大多数人来说,要知道其实际价值并不容易,银行券恰好是这些物品之一。因此,立法机关采取某种手段确定在社会中流通并标明一定数额美元面值的银行券的真正的实际价值,这似乎是极其适当的。

这可以很容易实现。如果立法机关不允许发行任何银行券作为通货流通，除非，像检验其他物品那样，为此目的而任命的某位公职人员首先盖章并批准，并确保在将任何此类银行券交付给有意发行和流通它们的人之前，要求他们提供等额的优质股票或债券和抵押品，作为支付上述银行券的担保，那么，立法机关似乎就已为建立流通通货的稳健性和稳定性做了其合法权力范围内的一切，也是能够要求它做的一切。

因此，我不得不得出结论，虽然阁下在致辞中关于银行特许状垄断的言论是充分公正的，但阁下的所有其他关于银行和通货议题的意见，尤其是阁下关于通货数量的波动以及随之而来的价格波动和商业紊乱的观察，是基于错误和不适当的观点。我还不得不得出这样的结论，即阁下提出的可能对通货产生有效和有益影响的措施，即抑制小额票据并建立国家独立国库，可能对防止阁下恰当地认为是一种大恶的通货数量和价格的波动没有任何效果。如果采取这些措施，实际上可能会产生什么影响，我或许会尝试在第二封信中进行探讨。

阁下认为，一般银行业务法规定，将股票或其他财产存入政府，作为赎回流通银行券的担保，如"纽约一般银行业务法"那样，"本质上是错误的"。一方面，根据上述论据，我不得不相信，尽管该系统未能获得阁下的认可，但却是政府针对通货唯一可以采取的合理、有利的立法措施。在我看来，这是政府进行干预唯一正当、可取的地方。另一方面，阁下提出的关于通货的所有立法措施，不仅将无法产生丝毫的您所期望的有益效果，而且肯定会带来阁下完全忽略的许多灾难性的后果。

在对银行和纸币的整个主题进行了最仔细的研究和调查，并认真、公正地分析了阁下致辞包含的针对该主题的观点之后，我发现在该致辞中，仅有的一个公正的想法，几乎被无穷的错误所包围和掩盖。因此，希望您不要因我建议阁下认真地重新考虑整个主题而见怪。

阁下所犯的重大错误，是一个使大量其他错误有隙可乘的错误根源，这绝不是您所独有的错误，实际上，这是一个非常普遍的错误——如果古人有权要求被尊重，它就可以被称为值得尊敬的错误。

阁下无疑听说过政治经济学的重商主义理论，它是在该主题上形成的第一个理论，该理论起源于中世纪商人的账房，它闻起来很有商店的气味——如果允许我这样说的话。根据这一理论，世界上唯一具有任何实际价值的物品是金和银，一个国家的财富完全取决于所流入并存放在该国的铸币和金块银块的数量。由于黄金和白银构成了该理论作者们认为劳动和希望获得的主要对象，因此，尽管事实上，黄金和白银除了作为获取其他有价物品的手段之外几乎没有任何价值，他们仍把这些劳作和希冀的对象视为唯一有价值的物品，也就不足为奇了。

亚当·斯密《国富论》中著名篇章的主要目标之一，就是驳斥这种重商主义理论，并建立一个现在看来足够简单的事实，即在市场上值六个银币的一桶面粉，实际上与六个银币本身的价值相同。然而，尽管这一事实似乎很简单，却在实际否定它的基础上建立了所有流行的货币理论，尤其是阁下的理论。金银铸币具有某些特殊而神秘的价值的信念仍然弥漫着整个社会，并引导商人和立法者（与大多数愚昧无知之人一样）通过谈论黄金和白银的充足或稀缺来解释贸易的所有波动,并想象通过确保社会拥有大量铸币和金块银块,他们就能有效地使贸易及价值保持稳定。

但是,如果开展您提议的试验,阁下将发现,本州的繁荣取决于它的产业,而不取决于其所拥有的或多或少的黄金和白银。除非那些拥有其他产品的人对我们的产品有需求,并希望与我们交换,否则这种产业就不能成功地运行。在这种情况下,我相信,比起有阁下的协助,没有阁下的协助会让我们更有效地发现进行必要交换的方法。而使债务超过了财产的人能够偿还债务(这正是本国目前正在努力解决的困难),如有可能,仍然不在您的权力范围内。立法上尽一切努力未雨绸缪,减少未来不明智的和毁灭性的债务,同样是无效的。要产生那样的效果,只能通过教导社会上的商人进行推理和反思,以及消除使人成为商业、政治等方面骗术玩弄对象的普遍无知。

谨祝阁下寿比南山,圆满履行阁下的州长职责,安然免于"通货波动",无论是商业性还是政治性的。

恕我冒昧直言!
阁下最忠顺的、谦逊的仆人,
理查德·希尔德雷思

译名对照表

accommodation　融通(资金)，贷款
active capital　流动资本
alarm　惊慌

bank checks　银行支票
bank money　银行货币(即存款货币)
bank notes　银行券
banking　银行业，银行
bill of sale　销售契约
bill of credit　信用券，信用货币
bill of exchange　汇票

charter　特许状
coin　铸币
count　清数
credit　信用，信贷，账面金额
currency　通货
current coin　流通铸币
curtailment　缩减，削减，紧缩

depreciation　贬值
director　董事

domestic exchanges　国内外币兑换
　(汇兑)业务
draft　汇票

extinction　清偿

facility　金融服务、支持
failure　倒闭，破产
floating capital　流动资金
foreign bill of exchange　外国汇票
foreign traffic　外贸
funded debt　长期债务

general banking　一般银行业务
general government　总体政府
getter-up　发起人

house　公司，商家

legal tender　法定货币

means　金融手段

measure of value　价值尺度
medium of exchange　交换媒介
mercantile theory　重商主义理论
(prime) minister　首相
ministry　内阁
mint　铸币厂
money　货币
money transaction　现金交易, 即付交易

National Bank　国家银行
non-specie-paying banks　不兑付硬币银行
notes　银行券, 纸币

obligation　债务

panic　恐慌
paper　纸币
paper currency　纸币（通货）
paper money　纸币
par　面值
political economy　政治经济学
practical man　实务人士

precious metal　贵金属
productiveness　赢利性
promissory note　本票
public treasure　公共财产

redeem　赎回, 兑现, 履行, 补偿, 偿还
run　挤兑

specie　硬币
specie payment　硬币兑付
stock　股票, 公债, 库存
stop-law　限损法
subscriber　认股人, 认购人
subscription　股份认购

tender-law　法定货币法
title deed　所有权凭证
Theory of Banking　银行理论

universal currency　通用货币

wherewithal　资金

图书在版编目(CIP)数据

银行简史 /（美）理查德·希尔德雷思著；蒋豪，董月程译.—北京：商务印书馆，2025
（经济学名著译丛）
ISBN 978-7-100-23454-2

Ⅰ.①银… Ⅱ.①理…②蒋…③董… Ⅲ.①银行史—研究—世界 Ⅳ.①F831.9

中国国家版本馆CIP数据核字（2024）第092191号

权利保留，侵权必究。

经济学名著译丛
银行简史
〔美〕理查德·希尔德雷思 著
蒋豪 董月程 译

商 务 印 书 馆 出 版
（北京王府井大街36号 邮政编码100710）
商 务 印 书 馆 发 行
北京市十月印刷有限公司印刷
ISBN 978-7-100-23454-2

| 2025年1月第1版 | 开本 850×1168 1/32 |
| 2025年1月北京第1次印刷 | 印张 4½ |
| 定价：39.00元 |